상처받은 아이는 외로운 어른이 된다

當最親的人成為傷痕

어린 시절의 나를 만나
관계를 치유하는 시간

상처받은 아이는
외로운 어른이 된다

황즈잉 지음 | 진실희 옮김

더퀘스트

더 나은 관계로 가는 길

대인관계치료 상담심리사로서 또 교수자로서 이 책의 출간을 통해 간접적으로나마 소원을 이뤘다. 책을 써준 쓴 즈잉에게 무척 고맙다. 대인과정이론에서 태어난 대인과정치료interpersonal process psychotherapy는 다른 관계 지향 학파의 핵심을 취해 하나의 종합 심리치료로 자리 잡았다. 1999년 타이완 국립사범대학교 교육심리학과 우리쥐안吳麗娟 교수를 따라 이 세계로 들어온 이후 지금까지 20년이 흘렀고 나는 학습자에서 상담사, 나아가 감독관이자 교육자가 되었다. 대인과정치료를 배우면서 개인적으로 상담과 교육 업무의 저변이 확대되고 깊어졌을 뿐 아니라 일상생활에서도 더욱 진실한 사람으로 거듭나고 가족과 친구 관계를 원하는 방향으로 발전시킬 수 있었다. 그래서 늘 대인과정치료를 널리 알려 더 많은 사람이 혜택을 누리기를 바랐다. 그런데 그 바람을 즈잉이 이뤄준 것이다.

우리는 흔히 '성격이 운명을 결정한다'고 말한다. 성격은 바꾸기 어렵다고도 말한다. 그런데 정말 그럴까? 대인과정이론에서는 흔히 말하는 개성이나 성격을 타인과 오랫동안 상호작용하며 형성된 결과라고 본다. 따라서 성격은 바뀌지 않는다는 견해에 기본적으로 동의하지 않는다. 예를 들어 이 책에 등장하는 사례 중 주목받기 싫어하는 아이는 모순과 수치심을 느낄 때마다 도피로 해결했다. 오래전 가정에서 구축한 그 방식으로 불안하고 무력한 어린 시절을 효과적으로 극복했지만, 성인이 되어서도 대인 관계가 난처해질 때마다 사라지거나 도망치는 전략을 자동으로 취해 진솔한 대인 관계를 형성할 수 없었다.

대인과정이론에서 보면 개인의 인내심, 매정함, 무관심은 모두 타인과의 상호작용, 특히 어린 시절 부모와 상호작용하면서 필요에 따라 발전시킨 효과적인 대응 전략이다. 즈잉은 각 유형의 인물을 깊이 있게 탐구하며 그들에게서 관계 대응 전략이 발전한 맥락을 살폈다. 즈잉이 공감하며 서술한 이야기를 따라가다 보면 그들의 생활 속으로 들어가게 된다. 그리고 각 사례에서 내담자가 어린 시절 곤경과 모순, 불안을 처리하기 위해 환경과 타협하는 전략을 발전시켜야만 했던 구조를 이해하게 된다. 또 이러한 전략을 반복해서 사용하면 대상이 전혀 다른 사람으로 바뀌어도 익숙해진 대응 전략이 튀어나와 관계를 망

상처받은 아이는 외로운 어른이 된다

칠 수 있다는 점을 알 수 있다. 어렸을 때 구축한 이러한 전략은 인생에서 새로 나타난 중요한 타인과 친밀한 관계를 맺으려 할 때 특히 잘 발현된다.

대인과정이론에서는 개인의 특질이나 개성, 인격은 관계의 상호작용 속에서 발달한다고 보며, 대처 전략을 조정하면 운명을 바꾸고 대인 관계의 곤경에서 벗어날 수 있다고 믿는다. 그렇다면 무엇을 어떻게 해야 할까? 모든 상담 이론에서는 '알아차림'이 변화의 시작이라고 말한다. 대인관계이론 학자들 역시 변화의 열쇠는 굳어진 대처 전략을 알아차리는 것이라고 믿는다. 늘 같은 유형의 인간관계에서 좌절한다는 사실을 깨닫는 것이 알아차림의 시작이다. 즈잉은 서문에서 '삶에서 끊임없이 반복되어온 패턴을 알아차리면 그때부터 변화가 일어난다'고 말한다. 정말 그렇다. 만약 이 책을 통해 주변 누군가의 이야기를 알아차렸다면 또는 자기 자신의 이야기를 읽어냈다면, 알아차림의 열차에 탑승한 것을 축하한다고 전하고 싶다.

즈잉을 안 지도 몇 해가 되었다. 즈잉은 내게 그룹 지도를 받았고 내 수업을 들었다. 우리는 삶의 전환점을 맞이했을 때도 대인과정치료를 계기로 만났다. 즈잉의 글솜씨는 익히 알고 있었다. 특히 진실하고 솔직한 표현 방식을 무척 좋아한다. 글에는 언제나 미지의 자신을 탐구하려는 용기와 배운 것을 활용해 남을 도우려는 마음씨가 아름답게 섞여 있다. 언젠가 무심코 대인과정치료를 바탕으로 대중 심리서를 써보면 어떻겠냐고 조언한 적이 있었는데, 타고난 능력자인 즈잉은 예쁜 둘째 아이와 함께 이 책을 탄생시켰다.

작가의 펜 끝에서 모든 사례 속 인물들의 곤경과 삶을 대하는 근성이 고스란히 느껴진다. 즈잉은 그들에게 공감했고 힘을 북돋아줬으며 원활한 대인 관계로 가는 방향을 제시했다. 아마 당신도 자신의 관계 딜레마를 뛰어넘을 가능성을 발견하게 될 것이다. 이 책을 읽는 모든 사람이 더 나은 관계로 가는 길을 찾길 바라고 그로 인해 더 행복해지기를 기원한다. 가족이 늘어난 즈잉은 한층 더 복잡다단하고 깊은 대인 관계 경험을 몸소 쌓으면서 창작 에너지를 채워가고 있을 것이다. 새로운 작품을 선보일 미래의 즈잉에게 무한한 기대와 축복을 보낸다.

—두수펀 杜淑芬, 중원대학교 교육연구소 상담교육학부 조교수

자꾸만 상처받는다면
나에게도 책임이 있다

이 책은 가족, 결혼, 연애, 부모 자식 관계를 포함한 다양한 대인 관계에서 마주하는 어려움을 다룬다. 하지만 소통하는 법이나 문제 해결 방법을 주로 제시하는 다른 책들과 달리 독자를 관계 문제의 근원으로 데리고 가 깊이 탐구하게 한다. 그리고 반복해서 일어나는 고통이 실은 원가족 테두리 안에서 겪은 성장 경험과 밀접한 관계가 있으며, 성장한 후에도 스스로 유사한 곤경이 계속해서 발생하도록 허용하고 심지어 강화한다는 사실을 깨닫게 한다.

우리가 늘 불평하면서도 변하지 않는 데는 이유가 있다. 곤경을 전부 남 탓으로 돌리려고 하기 때문이다. 우리는 모두 어린 시절 성장 과정에서 상처 입었고, 상처를 안고도 살아가고

자 온 힘을 다했다. 어른이 된 지금은 자신을 위해 새로운 인생을 살아야 한다. 과거에 갇히거나 계속해서 피해자 역할에 머물러서는 안 된다. 다른 사람을 진창으로 끌어들여 끝없는 연극을 이어가서도 안 될 것이다.

《상처받은 아이는 외로운 어른이 된다》는 알아차림을 통해 피해자 역할에서 벗어나고 각자의 인생에서 주인이 될 수 있게 돕는 수준 높은 자가 치유 가이드북이다. 인생이 또 꼬였다고 원망하고 싶거나 잘못된 사람을 만나서 괴롭거나 늘 무시당한다고 하소연하고 싶다면 '내 탓도 있어!'라고 자신을 일깨우길 바란다. 당신의 참여가 없었다면 억압의 무대가 지금까지 상연될 수 없었을 것이다.

사회나 문화의 영향을 부정하려는 것은 아니다. 한 사람의 지속적인 고통을 지나치게 단순화하거나 변화할 의지가 부족하다며 탓하려는 것도 아니다. 이 책은 거기서 한 걸음 더 나아가 각자가 살아가기 위해 채택한 행동 패턴이 모여 사회 집단 문화를 만든다고 지적한다. 각종 역할에 대한 기대와 억압과 권력 구조가 그렇게 전승되는 것이다. '며느리도 참고 견디면 시어머니가 된다'는 말이 그 대표적인 예다.

권력에서 우위에 선 사람이 있다면 누군가는 억압받기 마련이다. 억압받는 사람은 어떻게 살아남아야 할까? 생존에 필요한 자원 및 사랑과 긍정 등 심리적 만족을 얻기 위해서 비위 맞추기, 잘 보이기, 불평하기, 비난하기 등의 전략을 통해 타인의 관심을 끌어야 할 것이다. 이런 패턴이 오래되고 익숙해지면 이 모든 행동이 합리적이라고 믿게 된다. 그러다가 어느 날 좋은 사람을 만나면 오히려 어쩔 줄 몰라 하며 익숙하게 자리 잡은 생존 수단들로 그 사람을 밀어낸다. 언젠가는 권력 관계에서 우위에 서는 날이 올지도 모른다. 그때는 내면에 오랫동안 쌓인 수많은 억울함과 불만을 해소하기 위해 타인을 억압하는 등 자신이 한때 원망하고 증오했던 사람들처럼 행동할지도 모른다.

이 책을 통해 우리 모두의 상처와 생존 수단이 어떻게 뒤엉켜 불편한 문화와 환경을 구축하게 되었는지, 그것이 어떻게 교조나 관습의 형태로 자리 잡아 모든 부당함을 강요하고 말과 행동을 제약하는지 알아차리길 바란다. 알아차리면 바꿀 기회가 온다. 깨달으면 뛰어넘을 기회가 온다. 마땅히 피해자여야 하는 사람은 없고 압제자 역할만 해야 하는 사람도 없다. 삶에서 정해진 역할만을 수행하고 있다면 '내 탓도 있어!'라고 자신을 일깨우길 바란다.

상담심리사 황즈잉은 남을 기꺼이 돕고자 하는 사람이다. 활발하고 호탕한 성격이지만 글은 친절하고 섬세하다. 특히 가족 관계를 다룬 장에서는 우리 주변에서 흔히 볼 수 있는 평범한 가정의 생생한 모습을 따뜻한 시선으로 담았다. 읽다 보면 이 책에 등장하는 사례들이 당신과 그리 먼 나라의 이야기는 아니라고 느껴질 것이다. 어쩌면 내면에 숨겨둔 소극장을 들켜버린

듯 당혹스러울지도 모른다. 그래도 차근차근 음미하며 끝까지 읽길 권한다. 인생이 달라지는 경험이 거기서부터 시작될지도 모를 일이다.

— 천즈헝陳志衡, 상담심리사, 작가

상처받은 아이는 외로운 어른이 된다

두 번 다시 과거의 상처로
상처 입지 않기를

이 책을 통해 두 가지 메시지를 전하고 싶었다. 첫째, 우리는 어릴 적부터 가정에서 키워온 자신만의 생존 전략을 가지고 있다. 당신도 마찬가지다. 이 생존 전략은 사람마다 유형이 다르다. 그 유형이 방어하기, 움츠러들기, 비위 맞추기, 순종하기, 반항하기 중 무엇이든 우리는 가정 안에서 자기 역할을 설정하고 위기에 대처하기 위해 특정 생존 전략을 끊임없이 반복 사용한다. 이러한 전략은 존재 가치가 있다. 가정에서 생존할 수 있도록 공간을 확보해줄 뿐만 아니라 이해받지 못해 좌절하거나 자아가 산산조각 나지 않도록 스트레스를 조절해주기 때문이다.

대인 관계 전략을 통해 우리는 관계의 위기를 예측하고 친소를 가늠하며 타인과 관계를 맺고, 치고 빠지는 등 대처 방법을 찾는다. 이런 전략은 삶의 중대한 위기에서 더 이상 효험을 발휘하지 못할 때까지 사용된다.

아이에게 가장 중요한 욕구는 사랑받고, 인정받고, 귀염받는 중요한 존재가 되는 것이다. 그렇지 않은 상황에서 아이는 무엇을 할 수 있을까? 아이는 나름대로 적응하기 위한 방법을 발전시킨다. 부모 사이가 화목하지 않거나, 형제와 경쟁이 심해 서로를 배척하거나, 친척들의 입방아에 오르내리고 비교당하거나, 심한 경우 학대받는다면 위기는 매일의 일상이 되어 삶 속에서 끊임없이 발생할 것이다. 그 시간이 얼마나 길든 힘을 내 살아가려고 방법을 찾지만, 어린 시절에는 자아가 여려서 쉽게 좌절한다.

둘째, 어른이 된 당신은 자신의 대인 관계 패턴을 인지할 수 있고 타인이 자신을 그 패턴대로 대하도록 내버려뒀다는 점을 알아차릴 수 있다. 일단 알아차리면 어린 시절에 겪었던 곤경에 또다시 빠졌을 때, 과거의 상처를 쥐고 자신을 아프게 찌르는 일을 멈출 수 있다.

원망과 희망 사이

심리상담소에 찾아오는 사람들은 대부분 현 상황이 만족스럽지 못해 타인을 바꾸고 싶어 한다. 인생의 특정 단계에서 겪

상처받은 아이는 외로운 어른이 된다

는 문제를 해결하고 싶어서 찾아오는 분들도 많다.

　문제의 발단은 아마도 과거에 있다. '나는 집에서 무시당해' '아빠는 날 귀찮아해' '엄마는 동생만 편애해' 같은 원망이 가까운 관계로 전개되고 다양한 상황에서 반복되면서 '친구가 나를 따돌려' '선생님이 불공평해' '사장님이 나를 착취해' '남편이 잘 대해주지 않아' '아이가 말을 듣지 않아' 같은 피해자 드라마로 진화했을 것이다. 우리는 무의식중에 관성처럼 또다시 착취당하고 학대받길 기다릴 뿐 거기서 한시바삐 탈출해야 한다는 사실을 모른다. 현실과 이상의 격차에서 오는 마음속 갈등과 충돌을 가라앉히지 못하고 나아가 원망을 가득 품게 된다.

　내담자들의 이야기를 자세히 들어보면, 상대방을 바꿀 수 없다고 불평하면서도 자신이 피해자 역할을 계속하도록 상대방을 내버려두는 경향을 보인다. 이 관계가 어떤 영향을 끼치느냐고 물으면 대부분 "인생 전반에 부정적인 영향을 끼친다"라고 대답하지만 이어서 "무슨 잘못을 했기에 상대방이 당신을 그렇게 대하도록 내버려두느냐?"라고 물으면 입을 꾹 닫는다.

　이 책에서 나는 사람과 사람의 상호작용이 서로를 끌어당긴다는 점을 강조했다. 즉 우리는 상대방에게 불평하는 동시에 관여하고 있으며 자신을 그렇게 대하도록 단련시키고 있다. 일이 이렇게 돌아가는 이유는 지나치게 경험에 의존해 상대방의 반응을 예측하기 때문이다. 상상 속의 전략을 반복해서 되풀이하다 보니 원치 않는 역할을 또다시 맡게 되는 것이다.

그러니 "어떻게 내게 상처를 줄 수 있느냐?"라고 원망할 때는 반드시 스스로 그 상처에 어떻게 관여했는지를 직면해야 한다. 과거에는 너무 어려서 상처를 입어도 벗어날 기회가 없었다고? 그렇다면 어른이 된 뒤에도 계속 그곳에 머물러야 할까?

상처 줄 권한을 부여했기에, 그 상처는 힘을 갖는다

책에는 억압을 견디는 다양한 유형의 사람이 등장한다. 아시아 문화는 오랫동안 온화, 선량, 공경, 검소, 겸양이라는 다섯 가지 미덕을 중시했다. 한 발 뒤로 물러나 양보하는 것이 자신을 지키고 남도 배려하는 사리 밝고 철든 성인의 상징이라고 여겼다. 그러나 그런 의로운 행위 뒤에서 삶의 통제권과 참여권도 내어줘버린다면 그에 따른 타인의 영향에서 벗어날 수 없다. 이러한 메커니즘을 알아차려야 자신의 인간관계에서 반복되는 패턴과 습관을 알 수 있다.

그러나 알아차리지 못한 부정적인 대인 관계 패턴은 상대방을 끊임없이 끌어들여 곤경을 복제하고 한 번도 원하지 않았던 무력한 상황을 재현시킨다. 알아차리지 못한 사랑은 다시는 서운한 일이 없을 거라고 믿었던 관계가 서운함 자체가 되게 한다. 알아차리지 못한 가족 간의 감정은 인생의 결핍을 메울 기회를 다른 사람에게 넘기고 그 사람이 내 인생의 결핍이 되게

　　　　　상처받은 아이는 외로운 어른이 된다

한다.

어떤 대인 관계는 우리가 스스로 만들었다. 이러한 인생의 딜레마는 두려움과 불안에 악령처럼 달라붙어 무게를 보탠다. 부모는 전지전능하다는 환상을 지속하는 것이 그 대표적인 예이다. 우리는 흔히 자신의 상황을 과거의 부모 탓으로 돌리지만, 부모가 전지전능하다는 환상을 깨지 못하면 스스로 변화할 힘을 키울 수 없다. 이런 경우 갈구하는 사랑을 얻지 못했을 때 이런저런 탓만 하는 거대한 아기처럼 굴게 되고 다른 사람을 압박하느라 마음에 균형을 잡을 수 없게 된다. 계속 피해자 위치에 머물러 곁에 있는 사람만 탓하면, 마음속 불안에 힘을 보태 가해자의 시각으로 자신을 대하게 되고 미리 설정해둔 '피해자 버전의 인생'을 재차 인증하는 꼴이 된다.

지금 당장 내면의 힘을 발견하라

정신과 의사인 윌리엄 글래서 William Glasser 는 "그 누구도 당신을 초라하거나 비참하게 만들 수 없고, 그 누구도 당신을 행복하게 해줄 수 없다. 이 모든 것은 당신의 선택이다"라고 말했다. 장마다 첨부된 '마음의 쉼터'가 두려움과 환상이 당신의 인생을 주도해온 방식을 알아차리게 해줄 것이다. 또 우리가 어떻게 변화를 갈망하는 동시에 변하지 않으려고 안간힘을 쓰는지,

어떻게 내면의 혜안을 가리고 속이며 좌절을 합리화하는지도
깨닫게 해줄 것이다.

어떤 비극은 스스로 일으킨 것이다. 생각을 투사하는 과정에
서 누군가가 나를 미워한다고 자꾸만 의심했기 때문에 종국에
는 그 사람이 진짜로 나를 미워하게 된다. 나를 믿었던 사람도
나의 의심 때문에 나를 경계하게 될 수 있다. 이렇게 복잡한 대
인 관계의 변화 속에는 자기 몫도 있다는 사실을 잊지 말아야
한다. 우리는 위기에 빠져도 희망을 품는 존재들이다. 사랑하는
능력과 사랑받고 싶은 갈망을 잃지 않는다. 과거에 우리는 사
람들과 연결되고 싶고 자아도 키우고 싶었기 때문에 다양한 대
인 관계 전략을 발전시켰다. 그 전략이 어쩌면 인생의 많은 난
관을 극복하고 변화하는 상황에 적응하는 데 도움이 됐을지도
모른다. 하지만 융통성을 잃고 늘 같은 전략만 사용하다가는
오히려 발목이 잡힐 것이다.

모두 자신에게 "고마워"라고 말하자

우리는 모두 변화하는 시대 속에서 살고 있다. 살아야 하므
로 용감해질 수 있고, 부모의 부족한 면에서 내가 변하겠다는
의지와 심리적 공간을 발견할 수 있다. 자신의 대인 관계에서
반복되는 패턴을 알아차리고 같은 선택을 반복할 것인지 결정

할 수 있다.

　인생에서 반복되는 드라마와 패턴을 발견한 사람들은 자기 몫을 기꺼이 책임지려고 한다. 책에 실린 연습 문제는 모두 자기 자비를 전제로 한다. '기꺼이 하겠어' '깨달아서 다행이야' '내게 내려진 시련에 감사해'라는 마음으로 상처를 통한 깨달음을 얻고 인생의 주도권을 되찾길 바란다.

　설령 아무것도 변하지 않더라도 여전히 변화를 선택할 수 있음을 절대 잊어서는 안 된다. 마음 깊이 자신을 아껴주고 싶다고 생각한 순간, 자신에게 허락과 힘과 지지를 보내기로 선택한 것이다. 그래서 변화는 자신에게 몰두할 때 조용히 일어난다. 책 속에 실린 '마음의 쉼터'에 자기 이야기를 적어 넣으면서 과거의 상처를 미래에 담지 않겠다고 선택할 수 있길 바란다. 그럴 수 있다면 그 다음에는 어떤 일이 생기더라도 자신과 사이좋게 지낼 수 있을 것이다.

　우리는 이토록 연약한 자신의 일부를 고이 받쳐 들고 "이것도 사랑스러운 내 일부야"라고 말할 수 있어야 한다. 지금 이 순간, 아무도 당신에게서 삶의 에너지를 앗아가지 못한다. 당신은 그저 경험을 넓히고 더 큰 행복을 만들어가는 데만 집중하면 된다. 오직 당신만이 당신의 가장 눈부신 내일이기 때문이다.

차례

1장 :

상처받은 아이는
자라서 어떤 관계 문제를
겪는가

상처받은 아이는 자라서 어떤 관계 문제를 겪는가

주변 사람에게 끊임없이 휘둘리다

— ❋ —

오빠에게 늘 양보해야 했습니다

"새언니, 모처럼 가족끼리 나들이 나왔는데 꼭 그렇게 꽁꽁 싸매고 계셔야겠어요?"

"아…… 네네! 그러네요." 그녀는 그렇게 대꾸하고는 모자를 벗고 다른 가족들처럼 내리쬐는 햇빛을 맞으며 명품 거리를 걸었다.

"엄마, 이거 진짜 맛있으니까 꼭 사셔야 해! 이것도! 내가 우선 포장해뒀다가 이따 차에서 나눌게." 신이 난 시누이가 뒤를 돌아보며 어머님께 말했다.

시누이는 자주 이런 식으로 애교를 부렸다. 그녀가 늘 부러워하는 친밀한 모녀 관계의 한 장면이기도 했다.

가족 여행을 갈 때마다 시누이는 끝도 없이 조잘거렸다. 평소에도 마찬가지였다. 생필품 채워 넣기, 과일 사기, 청소하기와 같은 집안일 분배는 물론 모든 유형의 공동구매까지 일일이 챙겼다. 가족들은 모두 시누이를 의지하면서도 두려워했다. 시누이가 하자는 대로 하지 않거나 불만을 사면 이러쿵저러쿵 뒷말을 듣기 때문이었다.

사실 결혼 전 처음 이 집에 초대받았을 때부터 그녀는 이런 분위기를 눈치챘다. 그래서 시누이의 태도를 적극적으로 지지했고 매사 시누이가 원하는 대로 밀고 나가도록 내버려두었으며 이의 없이 고분고분 따랐다.

결혼하고 아이를 낳은 후에도 시누이의 말에 최대한 따랐다. 그런데 시간이 흐르면서 문제가 생겼다. 아이를 어떤 유치원에 보낼지, 방과 후 학원에 보낼지 말지 등을 두고 부부끼리 상의가 끝났는데도 매번 남편이 그 문제를 다시 시누이와 상의하는 지경에 이른 것이다. 분명 부부가 이미 합의를 본 문제인데 남편은 시댁 식구들과 이야기를 나누고 오면 태도가 달라져 있는 경우가 많았다. 일테면 학원은 돈이 많이 드니 가장 간편하고 경제적인 방식으로 집에서 아이를 교육하자고 권하는 식이었다. 그녀가 의지를 꺾지 않고 다시 설득하려 하면 남편은 '저 사람이 언제부터 자기 의사가 이토록 확고했지?'라고 생각하는지 의아한 표정을 지었다. 그제야 그녀는 부부가 자주적으로 결정을 내리지 못한다는 사실을 깨달았다. 대부분 시아버지, 시어머니, 시누이가 의견을 냈고 남편은 그 의견에 휘둘렸다. 지금껏

상처받은 아이는 외로운 어른이 된다

온순하게 복종하는 동안, 엄마로서의 권한과 부부 사이의 결정권을 시가에 양도해버린 것이다.

그녀는 남편과 결혼했지만 동시에 부부의 결정에 끊임없이 간섭하고 훈수를 두는 한 무리의 사람들에게도 시집간 셈이었다. 그녀는 집안 대소사를 쥐고 흔드는 시누이가 부러우면서도 시누이만 등장하면 모든 의견을 감춰야 했던 자신이 안쓰러웠다. 좋게 말하면 인내하고 양보한 것이었지만, 나쁘게 말하면 자기 주관도 드러내지 못한 꼴이었다. 코가 꿰어 끌려다니느라 스트레스를 받으면서도 어찌 된 일인지 안전감과 익숙함을 동시에 느꼈다. 모순적인 심리였다.

어린 시절에
현재 삶의 복선이 있다

———

막내딸로 자란 그녀는 아빠가 다른 오빠가 하나 있었다.

"네 오빠는 아빠가 없잖아. 얼마나 불쌍하니. 그러니까 오빠가 해달라는 건 어지간하면 들어줘." "오빠한테 따지지 마라." "아빠가 없는 것보다 비참한 게 뭐가 있겠니?" 엄마는 툭하면 이렇게 말했다.

그래서 어린 시절 그녀는 오빠를 불쌍하게 여겼다. 가족들은 과일 한 봉지도 오빠 취향으로만 사 왔고, 친척들이 선물한 장난감도 오빠가 먼저 골라 가져갔다. 그녀는 얌전한 딸 노릇에 익숙해져서 제대로 따지지도 못했다. 청소년기에 접어들자 오빠는 유명 브랜드 가방과 신발을 신었지만 그녀는 시장에서 도매로 파는 싸구려 옷을 입었다. 엄마는 아들의 결핍을 채워주려고 온갖 호의를 베풀면서도 딸에게는 모든 것을 받아들이고 참고 양보하라고 했다. 그녀의 마음속에는 불공평하다는 생각이 자랐지만 그 억울한 감정이 불쑥 나올 때마다 스스로를 달래야 했다. '오빠는 불쌍하잖아. 엄마가 이렇게 하는 건 오빠에게 보상을 주고 싶어서야. 오빠는 아빠가 없으니까 내가 불평해서는 안 돼.'

오빠는 자주 횡포를 부리고 자신을 무례하게 대했다. 늘 속박만 당하고 사랑받지 못한다고 느끼면서도 엄마의 말을 떠올리며 그 모든 감정을 삼켰다. 그렇게 하지 않으면 엄마가 속상해하며 자신에게 실망할 것이고, 그럴수록 오빠의 입지와 존재는 더욱 견고해질 것이기 때문이었다.

'어쨌든 나에겐 부모님이 모두 계시잖아. 그런데 오빠랑 다툴 필요가 있겠어?'

자신을 짓누르고 쥐어짜는 사람에게 그녀는 늘 고분고분 순종했고, 석연찮은 감정이 올라와도 온갖 이유를 생각해내 합리화하며 외면했다. 심지어 불만을 품었다는 것 자체만으로도 죄책감을 느꼈다. 이런 마음은 이후 남편과 대화할 때나 자녀 교육 문제 등을 결정할 때 계속해서 끼어들었다. 그녀는 그제야

범사에 양보하는 것이 고매한 미덕이 아니라 엄마로서의 직무 태만임을 깨달았다. 뿐만 아니라 오랫동안 자신을 짓누르고 함부로 대하던 사람들에게 저항할 능력조차 갖추지 못했다는 점도 알게 되었다. 그녀는 결국 이도 저도 아닌 사람이었다. 아이는 주관 없는 엄마를 원망했고 남편은 아내의 의견을 안중에 두지 않았다. 괴로웠지만 바로잡을 방법을 몰랐다. 시누이는 여전히 자기 고집대로 집안 대소사에 간섭하는데, 분명 자기 생활이 침범당했다고 생각하면서도 맞설 힘이 없었다.

그 일이 하루아침에
일어났을 리 없다

———————

하루하루의 일상이 모여 인생이 된다. 상담하면서 나는 내담자의 일상생활이 어떤지 자주 묻는다. 인생의 풍경이 그려지는 과정은 지표면이 형성되는 과정과 매우 유사하다. 오늘이 모여 내일이 되고, 모든 하루는 매분 매초의 바람, 햇살, 빗물로 이루어진다. 그래서 상담 시간에 반드시 내담자의 일상에서 벌어지는 사소한 일이나 과거 경험에 관해 묻는다. 예를 들면 이런 것이다.

"시누이가 집에서 권력을 휘두를 때 기분이 어떤가요?"

"지금처럼 싫으면서도 익숙한 감정을 예전에도 경험한 적이 있나요?”

"매사에 양보해야 한다고 생각하시는군요. 과거에 그래야 했던 상황이 있었나요?”

"다른 사람이 자기 의견을 고집하거나 세게 밀어붙이면 당신은 어떻게 하나요?”

한 사람의 과거를 탐방하면서 일상의 세밀한 부분을 들여다보면 그 사람의 인생과 맡고 있는 역할이 입체적으로 보이기 시작한다. 사례 속 여성은 엄마와 오빠를 모두 사랑했다. 그녀가 사랑을 주는 방식은 '사랑을 두고 싸우지 않는 것'이었다. 싸우려 들지 않고 오빠가 집에서 누리는 특권을 순순히 받아들이면 가족의 아낌과 돌봄을 받을 수 있었다. 그로써 오빠를 향한 엄마의 죄책감을 덜어주는 동시에 아빠로부터는 더 많은 기대와 지원을 받을 수 있었다. 이제 우리는 그녀가 주권을 양도함으로써 자기 영역을 확대하고 공공연하게 부모의 사랑과 관심을 쟁취했음을 알 수 있다. 이것은 대인 관계 속에서 일어나는 가치 교환이자 그녀가 인생에서 내린 결정이었다.

이러한 관점으로 그녀가 좀처럼 언쟁하지 않는 이유를 이해하면 사연이 한층 풍부해진다. '싸우지 않기'는 그녀의 생존법이었고, 원가족은 그녀가 그렇게 행동하도록 묵인했다. 겉보기에 그녀는 유약하고 주관도 없는 것 같았지만, 실은 이러한 가정에서 생존하기 위해 가장 적합한 전략을 택한 것이었다.

대인과정이론은 다음과 같은 방향성을 가지고 있다. '과거의

상처받은 아이는 외로운 어른이 된다

생존 전략은 한 사람이 어린 시절 살아남기 위해 내린 중요한 결정이자 가장 큰 자산이다. 여기에는 문제가 없다. 문제는 그 전략이 현재 삶에 더 이상 맞지 않는다는 점이다. 맞지 않아서 문제가 생기면 바꿔야만 한다.'

대인과정이론은 모두가 건강한 개인이라고 말한다. 다만 우리가 대인 관계에서 방황하는 이유는 환경은 바뀌었는데 전략을 변경하지 않기 때문이다. 과거에 효과적이었던 대인 관계 전략이 지금 삶에는 적용되지 않고, 과거의 미덕이 잔혹한 칼날이 되어 지금 이 순간 나를 곤혹스럽게 한다.

미국의 심리학자 해리 스택 설리반Harry Stack Sullivan은 어린 시절 부모와 반복적으로 겪는 상호작용이 인격과 자아를 형성한다고 보았다. 사례 속 여성은 불안을 유발하는 부모-자식의 상호작용 속에서 인격을 형성하고 대인 관계 패턴도 구축했다. 상대방의 비위를 맞추면서 자신을 억압하는 행동은 어린 시절 부모의 암묵적 용인 이후로 쭉 유지되었고, 그 안에서 그녀는 가족의 사랑을 지킬 수 있었다. 하지만 이제는 쓸모없는 전략이 되었음이 분명하다. 이런 태도 때문에 삶에서 주도권을 잃고 남편과 자녀의 신뢰마저도 잃었기 때문이다. 이제는 타인의 과도한 간섭이 그녀가 일상에서 새로이 마주한 문제가 되었다. 그런데도 자기 의견을 말하지 않으면 삶은 계속해서 지배당할 테고 결국 가족의 사랑을 잃을 것이다.

잠시 눈을 감고 생각해보세요.

1. 어린 시절 가정에서 당신은 몇 순위였나요?

2. 가족은 당신에게 어떤 기대를 했나요?

3. 가정의 분위기는 어땠나요?

이런 회고가 왜 필요할까요? 사람은 누구나 유년기를 가정에서 보내기 때문입니다. 가족 구성원이 많든 적든, 친부모님 밑에서 자랐든 친척에게 맡겨졌든 또는 보육원에서 자랐든, 매일 매 순간의 상호작용이 모여 한 마디 또 한 마디의 곡조를 형성하고, 마침내 한 편의 음악을 완성시킵니다. 만약 인생이 한 편의 교향곡이라면 당신은 이 곡에 어떤 주제를 붙이겠습니까? 어디에 쉼표를 그릴까요? 어떤 제목을 지어줄 건가요?

삶의 기복은 음악처럼 클라이맥스와 흐름이 있습니다. 과거의 모든 일은 지금을 위해 존재하는 뿌리입니다. 눈을 찌르는 햇빛이 지금은 곤란할지라도, 그 빛이 당신을 더 높은 깨달음으로 인도할 것입니다. 눈을 감고 이제 막 변하려는 자신을 느껴보세요.

변화하기 위해서 반드시 과거에 걸어온 길을 향해 질문을 던

상처받은 아이는 외로운 어른이 된다

질 필요는 없습니다. 과거는 내 뜻대로 그 자리에 남겨둘 수도 있고 지나가게 할 수도 있습니다. 지금의 우리는 안간힘을 써서 새 지도를 읽는 법을 익히고, 새로운 목표 지점으로 가는 데 필요한 도구를 깨우치면 됩니다. 그러다 보면 매 순간 잘 살고 있다는 사실을 문득 깨닫게 될 것입니다.

마음의 소리를 억누르다

부모님은 내게 늘 차가웠습니다

마케팅 부서 대리인 린나 씨는 직급이 높은 사람을 대할 때마다 쉽게 긴장했다. 상사 앞에서는 매사에 신중하게 행동했고 늘 대세를 따랐다. 덕분에 언제나 인정받았고 중요한 직무에 배치되었다. 상사는 그녀가 분별력 있고 신중하다며 자주 중요한 프로젝트를 맡겼다.

하지만 새로 온 팀장은 달랐다. 팀장은 그녀가 창의력이 부족하고 젊은 층의 트렌드를 파악하지 못하는 데다가 융통성도 없다며 중요한 일을 맡기지 않았다. 처음으로 이런 평가를 받은 린나 씨는 자신이 무엇을 잘못했는지 알 수 없어 어쩔 줄 몰랐고, 신경 쓸수록 업무 보고를 하기가 꺼려졌다. 특히 사람들 앞에서 발표를 제대로 해내지 못할까 봐 불안했다. 지금의 위기는 상사의 뜻에 복종하고 따르던 착한 아이에서 벗어나 날카로운 통찰력을 가진 프로로 단숨에 변신하라고 요구하고 있었다.

린나 씨는 상사의 요구가 합리적인지 불합리적인지 구별할 줄 몰랐다. 매번 전전긍긍하며 상사의 의중을 추측했고 그렇게 하지 않고는 일을 처리하지 못했다. 어릴 때부터 '합리적인 요구는 훈련이고 불합리한 요구는 단련이다'라고 주입받았기 때문에 교육과 단련에는 익숙했지만 마음의 소리에 귀 기울이는 것에는 서툴렀다.

대부분의 사람은 까탈스럽고 깐깐한 상사와 일하는 것을 어려워하지만, 린나 씨 같은 유형의 사람들은 오히려 그런 상황에서 다음과 같이 생각하며 온당하고 적절하게 대처한다.

'내가 잘되길 바라니까 어려운 과제를 맡기는 거야!'

'업무 전체를 파악하라고 높은 직급과 권위를 통해 나를 훈련시키는 거야!'

'상사도 힘들겠지. 그러니까 내 일은 내가 알아서 해야 해.'

린나 씨는 상사가 요구한 일을 처리하면서 성취감과 자신감이 높아지는 것을 느꼈다.

사서 고생은
생존 전략이자 습관이다

———————

　이것이 뿌리 깊은 도그마로 자리 잡은 이유는 그녀가 내내 착한 아이로 살면서 어른에게 구원을 바랐기 때문이다. 린나 씨는 직장에서 권위자를 자연스럽게 찾았다. 다양한 인간관계에서 부모 역할을 찾았다고 볼 수 있었다. 다른 사람들 눈에는 사서 고생하는 것으로 보였지만, 그녀는 그 안에서 자신의 가치를 찾았기 때문에 까탈스럽고 깐깐한 상사의 테두리를 벗어날 수 없었다. 특히 감성적이고 늘 부하직원을 가르치고 싶어 하는 유형과 잘 맞았다.

　그런데 요즘 상사들은 뜻밖에도 창의성, 독립성, 주도성을 높이 사며 부하직원이 새로운 아이디어를 던져주길 원한다. 새로 온 팀장도 린나 씨에게 생각과 의견을 내라고 요구했지만 이 모든 것이 린나 씨에게 익숙지 않았다. 마치 오랫동안 어른에게 매달려 걸었던 아이가 별안간 자기 힘으로 대문을 박차고 나가 달려야 하는 상황이었다.

　린나 씨는 엄격한 부모 밑에서 자랐다. 감정적인 돌봄이 필요할 때마다 부모는 그녀를 신경 쓰지 않았고 혼자 울게 내버려두었다. 다 울고 나서도 마음이 추스려지지 않으면 더 없이 슬프고 끔찍했다. 그래서 끝도 없는 순종과 눈치 보기로 가정에서의 지위를 지켜나갔다. 충돌이 두려웠고 미움받거나 관심

　　　　　　　　　상처받은 아이는 외로운 어른이 된다

받지 못할까 봐 두려웠다. 그래서 동생들이 부모님의 심기를 불편하게 할 때마다 동생들에게 먼저 용서를 빌라고 하거나 자신이 중재자 노릇을 자처했다. 린나 씨가 제일 자신 있는 일이었다. 가정에서 그녀는 오래 전 이미 자기 생각은 삭제하기로 결정했다.

이런 생존 전략이 가정에서는 훌륭하게 작용했기에 린나 씨는 일찍이 목소리를 내지 않음으로써 부모의 사랑을 얻고 사려 깊고 철든 아이라는 칭찬을 들을 수 있었다. 자기 목소리를 제거하는 방식으로 사랑과 관심을 얻었던 것이다.

우리는 관계를 잃을까 두려워
스스로 발을 묶는다

———

린나 씨의 세상에는 최후 방어선이 없었고 경계선은 더욱 없었다. 무언가를 요구받을 때마다 그녀는 '들어주지 않으면 이 관계를 잃게 될 거야'라고 생각했다.

이런 사고방식 때문에 늘 초조해서 권위자를 찾아야만 했다. 권위에 불만을 품고 있으면서도 역설적으로 그 권위를 필요로 했다. 상사가 작업량을 지나치게 늘릴까 봐 두려웠지만, 혼자서 독립적으로 사고하는 것은 더욱 두려웠다. 오랫동안 착한 아이였던 그녀의 마음속에는 '말 잘 듣는다'라는 칭찬이 '주관을 가졌다'라는 호평보다 가치 있었다. 그러다 자주성을 강조하는 상사를 만나자 더 이상 순종만으로 자신의 가치를 높일 수 없었다.

상담심리학 분야에서 합리적 행동 치료를 고안한 앨버트 엘리스Albert Ellis는 비정상적인 행위를 하는 사람에게서 흔히 두 가지 절대 깨지지 않는 신념이 나타난다고 말했다.

첫째, 중요한 사람으로부터 언제 어디서나 사랑받고 칭찬받는 것에 가치를 부여한다. 둘째, 나는 반드시 능력이 뛰어나야만 하고 어떤 상황에서도 능력을 발휘해야만 한다고 생각한다. 그래야만 타인에게 영향력이 있는 중요한 사람임을 증명할 수 있다고 믿는다.

어린 시절에는 이 두 가지 신념 덕분에 환경에 잘 적응할 수 있었을 것이다. 다른 사람의 처지에서 생각할 줄 아는, 사려 깊고 철든 원만한 아이였을 것이고 그로 인해 수많은 혜택과 격려도 누렸을 것이다.

하지만 칭찬받고 싶은 욕구가 지나치면 어린 시절부터 자기가 느끼는 감정이나 생각을 표현하는 법을 학습하지 못하게 된다. 또 주변 사람의 기대를 너무 쉽게 흡수해버리기 때문에 금세 초조해하거나 순종할 대상이 사라졌다고 느끼는 경향이 있다. 이런 사람은 초조할수록 호감 살 만한 행동을 하거나 선의와 친절을 베풀어 초조함을 희석하려 한다. 하지만 그러한 친절과 희생의 배후에 거대한 불만과 분노가 존재한다는 것을 남들은 알지 못한다.

순종으로
호의를 얻으려는 사람

————

과도하게 희생하는 데에는 여러 가지 이유가 있다. 예를 들면 그들은 화목한 관계를 바라거나, 좋은 평가를 원하거나, 이상한 사람으로 낙인찍히기 싫거나, 사려 깊은 사람이 되려 하거나, 충돌을 피하려고 한다. 이런 욕구가 나쁜 것은 아니지만 과도하게 순종하고 비위 맞추다 보면 진짜 마음의 소리를 홀대하게 되고 자기가 바라는 것들을 어쭙잖고 부끄럽게 여기게 된다. 경직된 순종을 택함으로써 호의를 사려고 노력하는 사람들은 일이 뜻대로 풀리지 않으면 잘 보이려고 더욱 애쓰게 되고 그래도 상황이 예상과 정반대로 흘러가면 세상을 원망하게 된다. 이것이 마음의 소리를 무시하고 순종한 대가다.

'어째서 내가 고생하는 걸 몰라주지?'

'단물 쓴 물 다 빼먹어놓고 나한테 어떻게 이럴 수 있어?'

'매번 내가 굽히고 희생하는데, 어째서 내 입장은 생각해주지 않는 거야?'

'하라는 대로 했는데 뭐가 불만이지?'

과도하게 순종하는 사람들은 감히 성질을 부리지도 못한다.

화를 내면 관계가 틀어질까 두렵고 또 순진하게도 언젠가는 다른 사람이 자신의 처지에 서서 생각해주리라고 믿기 때문이다. 그래서 몸을 낮추고 다시 한 번 상대방에게 애걸하며 잘 보이려고 노력하고, 자신이 약자임을 상대방이 조금이라도 자각하기를 바란다.

그런데 화를 내야 이런 국면을 뒤집을 수 있다. 하지만 쉽진 않을 것이다. 이들은 자신의 분노를 좀처럼 발견해내지 못하는 데다 좋은 사람이라는 짐까지 지고 있어서 좀처럼 공평한 대우를 요구하지 못한다. 내면의 분노를 바로 볼 줄 알았다면 경직된 비위 맞추기로 그 관계들을 지속하지 않았을 것이다. 일을 그르치지 않기 위해 자신을 낮춰야 하는 관계는 처음부터 평등하지 않다. 분노를 똑바로 바라봐야만 얌전하고 착한 아이가 되는 것만이 능사가 아님을 깨달을 수 있다. 그래야만 주목받을 수 있고 중요한 사람으로 대우받을 수 있다. 그림자가 짙게 드리운 마음 한구석을 똑바로 마주할 때 비로소 자신을 받아들일 수 있고 타인과 나를 균형 있게 좋아할 수 있다.

잠시 멈춰 서서 충분한 시간을 두고 생각해보세요. 내 의견이 다른 사람과 다를 때 상대방의 어떤 반응이 가장 두려운가요? 어색해지는 분위기인가요? 상대방의 분노나 실망, 망설임인가요? 당신이 예상하는 모든 두려운 상황을 나열해보세요.

나는 다른 사람과 의견이 맞지 않을 때

상대방이 _____ 할까 봐 제일 두려워요.

예측한 상황이 실제로 일어난 적이 있나요? 있다면 어떤 상황이었나요? 나 때문이었나요? 상대방 때문이었나요? 타인과 의견이 부딪힐 때 우리 마음은 다른 사람에게 들리지 않는 목소리로 말합니다. '이 사람 왜 이렇게 까다롭지?' '왜 이렇게 생각하지?' '세상에, 이런 사람이 있다니!'

우리는 순간 나타났다 사라지는 마음의 소리를 바로 보는 연습을 해야 합니다. 이런 내면의 말들은 동의하지 않음, 불만, 신경 쓰임, 상대하고 싶지 않음 등의 감정을 드러냅니다. 이런 마음의 소리를 바로 들어야만 진짜 내 생각에 서서히 다가갈 수 있습니다. 그랬다가 거절당하거나 배척당하거나 미움받으면 어떡하나 걱정할 수 있습니다. 하지만 마음의 소리를 바로 본다고 해서 걱정한 일이 반드시 일어나는 것은 아닙니다. 그런 예측은 다만 그런 상황이 생길 수도 있다는 환기일 뿐입니다. 분노나 불만을 표출하기 전에 마음속 목소리를 충분히 경청해도 좋습니다. 모두 존재해야 마땅한 소리니까요.

마음의 소리를 바로 듣는 연습을 하면 자신의 다양한 모습을 발견할 수 있습니다. 착한 아이 버전의 내가 다양한 색깔의 나를 발견하는 것이지요. 사람에게는 어두운 면과 밝은 면이 공존합니다. 그 사실을 받아들이면 더욱 매력적이고 나다운 모습으로 살아갈 수 있습니다. 우울하고 피동적인 관계를 떠나세요. 당신에게는 검은색과 흰색, 회색 말고도 무지개처럼 고운 일곱 빛깔이 있답니다.

상처받은 아이는 외로운 어른이 된다

주목받는 것이 두렵다

---- ✲ ----

아버지가 너무도 수치스러웠습니다

그는 자신의 괴짜 같은 모습을 들킬까 봐 마음속 깊이 두려웠다. 회사에서도 주목받을까 봐 두려웠고, 상사의 이목을 끌거나 질책을 받을 때면 온몸의 근육이 팽팽하게 긴장되었다. 하지만 그는 이 긴장을 훌륭하게 숨길 줄 알았다. 마음속에 언제나 이런 공포가 자리하고 있어서였다. '나에게는 두 가지 선택뿐이야. 정상인 척하며 살거나, 미친놈 취급을 받거나.'

'미친놈 취급을 받는 일'은 마음에서 좀처럼 떨쳐낼 수 없는 악몽이었다.

"쟤네 아빠가 길 한복판에서 식칼로 사람을 찔렀대!"

"완전 미친놈이잖아!"

"쟤도 똑같이 미친놈 아닐까?"

"멀리하는 게 좋겠어!"

이런 꼬리표 때문에 길을 걸을 때 아무도 그를 주시하지 않는데도 스트레스를 받았다. 언제부턴가 그는 모든 것을 의심했다. 보이지 않는 그물이 사방팔방에서 자신을 덮쳐오는 것만 같았고 단 한 번이라도 거기서 벗어날 수 없을 것 같았다. 감정이 격해지면 모든 상황이 끔찍하게 변해버릴 것이라 생각했다. 하지만 그렇게 생각할수록 마음속에서 무언가 작열하는 것 같았고 너무 뜨거워서 금방이라도 미쳐버릴 것 같았다.

그래서 그런 감정을 차단했다. 그런 감정이 생겨나고 꿈틀거리면 자신도 구제 불능의 괴물로 변모해 아버지처럼 미쳐버릴까 봐 두려웠다. 아버지와 동급으로 묶이기 싫었다. 그에게 가족은 감출 수 없는 수치이자 원죄였다. 그래서 감정이 조금만 올라와도 스스로를 비이성적인 인간으로 분류했다. 가능한 한 자신을 낯설게 바라보려고 노력했지만, 사실은 감정이 올라올 때마다 어찌할 바를 몰라 두려웠다.

어린 시절 아버지의 우울증이 발작할 때마다 그는 한밤중에 어머니를 끌고 나와 여인숙에서 잤다. 이웃들도 아버지의 정서가 안정적이지 못한 것을 알았지만 도와주는 사람 하나 없었고 무슨 일이 터지면 둘러서서 구경이나 하다가 뿔뿔이 흩어졌다. 그래서 그는 알아서 자신을 지켜야 했다. 매일 밤 엄마를 챙겼고 아침이 되면 아무 일 없는 듯 학교에 갔다. 수많은 유무형의 조롱과 경멸에 맞서다 집에 돌아가면 아버지가 또다시 시비를

상처받은 아이는 외로운 어른이 된다

걸어왔다.

"너 이 자식, 이리 와! 벙어리야? 아비를 보고 아는 척도 안 하냐?" 슬금슬금 집에 들어가는 그를 향해 아버지는 고래고래 소리치며 욕했다. 그럴 때마다 더 시끄러워지기 전에 "다녀왔습니다!"라고 겨우 한마디를 쥐어짜 대꾸한 뒤 혐오가 가득 담긴 마음으로 아버지를 흘겨보며 고개를 푹 숙인 채 2층으로 올라가곤 했다. 그것이 그가 할 수 있는 최선이었고 그 짧은 대답조차 간신히 내뱉었다. 아버지와는 그 어떤 형태로도 얽히고 싶지 않았다.

처음에 아버지는 벽을 마구 치거나 물건을 집어 던졌다. 그러자 어머니는 아버지를 방에 가둬 나오지 못하게 했다. 어머니가 국수를 사 오느라 조금 늦게 귀가한 날, 아버지는 무슨 의심이 들었는지 방 안에서 마구 소리치며 난동을 부렸다. 그날 밤 그는 어머니를 끌고 계단을 내려와 도망쳤다. 아버지는 칼을 마구 휘두르며 동네방네 아내와 아들을 찾아다녔다. 그날 이후 이웃들은 공포에 떨었고 그 일을 두고 이러쿵저러쿵 말이 많았다. 이사 갈 수 있는 사람들은 동네를 떠났고, 그럴 형편이 되지 않는 사람들은 그의 집을 멀리했다. 담벼락에 페인트를 칠해 불만을 표시하는 사람도 있었다. 이런 배척에는 이미 익숙했지만 그는 할 수 있는 게 아무것도 없었다. 낯선 사람들에게까지 거부당하자 아버지의 정서는 더욱 불안해졌다.

한 번은 아버지가 커다란 렌치로 그의 방문을 마구 두드리더니 결국 손잡이를 부수고 쳐들어왔다. 그리고 무서운 폭력이 시작되었다. 그날은 그도 지지 않고 반격했고 둘은 뒤엉켜 한바탕 주먹질을 하고 싸웠다. 머리가 터져 피가 흘렀고 부자는 나란히 응급실로 실려 갔다. 이런 일이 그의 가정에서는 일상다반사였다. 아버지가 우울증이 도져 이성을 잃는 날이면 어머니는 여지없이 묵사발이 되도록 맞았고, 결국 아버지가 피투성이가 된 처자식을 버려두고 제풀에 지쳐 집을 나가면 그들은 각자 이 불쾌한 헤어짐을 대충 수습하고는 이튿날 또 같은 집에서 밥상에 둘러앉아 함께 밥을 먹었다. 온 가족이 공포와 긴장에 떨면서도 아무 일 없었던 듯 굴었고 또 다른 분란이 일어나지 않기만 바랐다.

"아무리 그래도 네 아버지야!"

"엄마는 이것저것 따질 생각 없어. 그저 너한테 온전한 가정을 주고 싶어……."

"아버지를 건드리지 말자. 그저 참고 넘어가면 된다."

그에게 아버지는 절대 건드리면 안 된다는 심리적 금기를 넘어서 이미 치욕이었다.

'저런 사람이 아버지라니 너무 창피해!'

그는 자주 수치심을 느꼈고 늘 관계에서 거절당할 것을 예견했다. 폭력과 고성이 난무하는 가정에서 자란 그는 모든 일에 무감각했다. 피할 수 있으면 피하고 도망칠 수 있으면 도망쳤다. 타인의 연민은 필요치 않았다. 과도한 관심은 더욱 사절

상처받은 아이는 외로운 어른이 된다

했으며 되도록 자기 자신에게만 기댔다. 상처투성이로 세상을 살아갔지만 정작 자신이 저지른 잘못은 없었다. 하지만 온 가족의 무거운 원죄를 짊어진 것처럼 살았다.

수치심을 갖고 자란 아이는
도망치는 어른이 된다

집안에 정서적으로 문제가 있는 어른이 있으면 아이는 모든 상황을 흡수해버리고 수치심을 느낀다. 처음에는 '내가 뭘 잘못했기에 어른의 심기가 불편해졌을까?'라고 생각하지만, 행동을 잘 골라 비위를 맞추고 아무 잘못을 저지르지 않아도 어른의 세상에는 여전히 난해한 문제가 있음을 차츰 깨닫게 된다. 아이는 현실의 그 무엇도 바꿀 수 없다는 사실을 인지하고 무력감에 빠진다. 하지만 포기할 수도 없어서 이러지도 저러지도 못하는 상태로 수치심으로 가득 찬 성장기를 보낸다. '내 잘못이야' '내가 별로여서 그래' '우리 가족은 잘못됐어' '우리 가족과 내가 모두 별로야' '좋은 사람이 되고 싶은데 그럴 수 없어' 이러한 수치심으로 가득 찬 아이는 심리 상태가 보통 위축되어 있고 '나 어딘가 잘못된 게 아닐까?' 하는 문제를 예민하게 고민한다.

이들은 마음을 활짝 열면 배척당할 거라고 믿는다. 타인의 시선은 그들에게 스트레스 수준을 넘어선 강박이다. 자신을 개방해서 다른 사람의 이해를 구하는 것도 너무나 어렵지만, 그에 앞서 보고 들은 모든 것을 혼자 힘으로 이해하고 해석하는 것도 버겁다. 그래서 어느 정도 환경으로부터 도망치고 자기 자신으로부터도 도망친다.

어떤 사람들은 어처구니없는 방법으로 도망치기도 한다. 그 무엇에도 신경 쓰지 않고 다른 사람을 안중에 두지 않으며, 다른 사람이 자신을 주목할 일도 없게 한다. 자책과 죄책감을 이용하는 사람도 있다. 가벼운 우울감을 표출하거나 자책하고 잔뜩 위축된 모습으로 아무것도 하지 않음으로써 다른 사람들의 접근을 막는다. 아예 숨어버리는 사람도 있다. 아무것도 하지 않고 아무 잘못도 하지 않은 채 다른 사람들의 인생에서 페이드아웃되다가 마침내 삭제되는 전략을 택하는 것이다. 이런 신경증적 반응은 모두 방어이고 무장이다. 그들이 이렇게 반응하는 것은 자신의 나쁜 점이 발견되는 것을 극도로 두려워하기 때문이다.

대인 관계 전략은
생명줄과 같다

————

이 같은 방어술이 굉장히 익숙하지 않은가? 사실 대인 관계

상처받은 아이는 외로운 어른이 된다

에서의 이런 반응이 모두 병적인 것은 아니다. 사람에게는 방어기제가 있고, 어떻게 보면 이런 심리적 방어막이 한 겹 있기 때문에 스트레스에 노출됐을 때 바로 붕괴하지 않을 수 있는 것이다. 이러한 생존 기제는 자존감을 지켜준다.

다만 과도하거나 경직되게 사용하여 삶의 다양한 단계에서 융통성을 발휘할 수 없다면 관계가 꼬이기 십상이다. 정신 분석학자 카렌 호나이Karen Horney에 따르면 사람은 스트레스 환경에서 세 가지 대응 전략을 취한다.

1. 복종과 환심 사기 전략
이 전략을 택하는 사람은 불쾌하거나 불만족스러운 기분을 자주 느끼지 않는다. 다른 사람이 자신을 조종하고 있다거나 자신이 타인의 반응에 민감한 노예라고 느끼지도 않는다. 그저 주변 사람들에게 잘 보이고 환심을 사려고 노력하느라 자기 자신은 멀리한 채 타인의 필요만 염두에 둔다. 그리고 이 사심 없는 희생을 애정 표현이라고 여긴다. 또 간혹 존중받지 못한다, 불공평하다고 느껴도 대단한 희생이나 굴욕이 아니라고 생각한다. 이렇게 타인 중심의 미덕은 우리 사회에서 끊임없이 증강되었고 지나치게 다른 사람의 눈치를 보는 방향으로 변해왔다. 이 유형의 사람들은 부족한 사람인 것만 같은 초조함을 칭찬받고 싶은 욕구로 포장한다.

2. 반항과 공격 전략

이 전략을 쓰는 사람들은 대부분 자신이 영웅이라고 생각한다. 다른 사람을 대신해 목소리를 내고 남들은 감히 대들지 못하는 권위에 맞서는 역할을 자처한다고 여긴다. 종종 화를 내서 남을 제압하고 논쟁하고 잘못을 지적하면서 우월감을 얻는다. 또 자신은 문제의 근원을 정확하게 파악하고 있어서 능력이 부족하거나 막무가내로 행동하는 사람들을 멸시할 자격이 있다고 생각한다. 그들은 약자가 되는 것을 극도로 싫어한다. 우는 아이가 떡 하나 더 받는다는 것을 알기 때문이다. 반항해도 문제 삼지 않고 묵인하는 어른 밑에서 자랐기 때문에 자신의 자기중심적인 모습이나 막무가내인 태도를 자각하지 못한다. 이 유형의 사람들은 '나 역시 나약한 사람일지 모른다'라는 초조함을 반기를 드는 방식으로 가린다.

3. 회피 전략

이 유형의 사람들은 초탈한 태도로 인생을 바라본다. 접촉하지 않고 참여하지 않고 약점 잡히지 않겠다는 일관된 태도로 모든 변화에 대응한다. 심지어 자기 자신의 감정도 건드리지 않고, 타인의 인생에 필요 이상으로 끼어들지 않음으로써 상처받을 리스크를 피한다. 이렇게 초탈한 태도로 심리적 공간을 확보한다. 대인 관계에서 일어날 수 있는 공격, 반감, 혐오, 짜증 등 부정적인 감정에 과하게 개입하지 않으며 칭찬, 사랑, 존

상처받은 아이는 외로운 어른이 된다

경도 바라지 않고 과도한 감정을 공유하지도 않는다. 이런 사람들은 '나도 실은 다른 평범한 사람들처럼 감정 기복도 심하고 복잡한 욕망을 소유했을 수 있다'라는 초조함을 갖고 있다. 그 초조함을 자기 자신과 타인 모두와 거리를 둔 초연한 공간에 격리시킨다. 그것이 실은 옹색한 도망의 연속임을 깨닫지 못하는 것이다. 옹색하게 굴고 주목받지 않고 도망치고 단절되는 편이 세상으로 나와 모험하다가 만신창이가 되는 것보다 낫다고 생각하기 때문이다. 물론 이런 전략을 사용하는 빈도와 방식은 각자가 처한 환경과 대상에 따라 다르게 나타난다.

우리는 사람, 시간, 장소에 따라 각기 다른 방법으로 앞서 소개한 세 가지 대인 관계 전략을 사용합니다. 이런 전략은 마음에 공간을 마련해줍니다. 미덕을 유지하고 자기를 지키는 능력도 갖추게 해줍니다. 하지만 경직된 방식으로 사용하면 꽉 막힌 사람이 되거나 삶의 여러 가지 가능성을 잃게 됩니다. 일테면 오랫동안 고분고분하게 타인의 환심을 사려고 노력했던 사람이 어느 날 갑자기 불공평한 취급을 당했다고 항의하려고 하면 금세 죄책감에 시달리게 될 것입니다. 하나의 전략에 익숙해졌기 때문이지요.

반면 오랫동안 타인을 회피해온 사람이 어떤 자리에서는 상대방의 비위를 맞추겠다고 한다면 역시 매우 곤란해질 것이고 상황은 원하는 대로 흘러가지 않을 것입니다. 결론적으로 자신에게 적합한 전략 패턴을 찾은 뒤에도 새로운 전략을 일상생활에서 꾸준히 관찰하는 게 좋습니다. 그렇게 하면 여러 가지 얼굴로 관계를 대할 수 있을 것입니다. 모든 모습을 햇볕에 꺼내놓으세요. 그 어떤 모습도 제법 보기 좋다는 사실을 깨닫게 될 거예요!

상처받은 아이는 외로운 어른이 된다

친밀한 관계에서 불안을 느끼다

❊

부모님은 서로 애정이 없었습니다

"너 다시 말해봐! 방금 뭐라고 했어?"

"사과부터 좀 받아주면 안 되니? 난 네가 좋다면 아무래도 상관없는데!" 남자친구가 몸을 낮췄다. 하지만 내켜서 하는 말은 아닌 것 같았다.

"내 탓이라고 하지 마. 너 똑바로 들어. 지금 나랑 헤어지고 싶은 거잖아? 그래! 네 마음대로 해!" 그녀는 연인과 싸울 때면 늘 이길 때까지 물고 늘어졌다. 언제나 센 척하면서 자신은 전혀 상처받지 않은 것처럼 행동했다.

사실 그녀는 친밀한 관계에서 종종 극도의 불안을 느꼈다. 가정에서 아주 작은 위치도 갖지 못했던 어린 시절을 보냈고 부부 싸움에 끌어들이는 부모님 때문에 스스로 강해져야 했다.

어린 시절 부모님의 결혼 생활은 무척 희한해 보였다.

그녀는 어려서부터 집에 대해 아무 느낌이 없었다. 어른이 되어서 몇 번 연애를 했지만 가정을 이루고 싶다는 생각은 들지 않았다. 사랑 없는 부모 밑에서 바람 잘 날 없이 흔들리는 가정을 겪었기 때문이다. 엄마는 자주 한밤중에 몰래 울었고 아빠는 집에 들어오지 않는 날이 많았다. 아빠가 집에 오는 날이면 둘은 여지없이 싸웠다. 그녀는 동화 속에 나오는 부모의 모습과 엄마 아빠가 너무 달라 당혹스러웠다. 어쩌면 이다지도 서로 달가워하지 않는 감옥 같은 결혼 생활이 있을 수 있나 생각했다.

친구들은 어린 시절을 회상할 때 회전목마나 미끄럼틀을 타는 장면을 떠올렸지만, 그녀는 자기만의 작은 세상이었던 좁은 골목을 떠올렸다. 두 집 사이에 난 좁디좁은 길에 웅크리고 있으면 담장 너머로 부모님이 싸우는 소리가 들려왔다. 그래도 거기 숨어 있으면 자신에게 곧바로 피해가 오진 않았다. 그곳은 그녀만의 작은 둥지였고, 전장의 총알처럼 쏟아지는 어른들의 날카롭고 쓰라린 언사를 막아주는 작은 대피소였다.

사랑 없이
결혼했던 부모

그녀는 자신이 아무래도 친자식이 아니라 입양된 게 아닐까

상처받은 아이는 외로운 어른이 된다

생각했다. 부모님은 원치 않은 상황에서 그녀를 낳았다고 한결같이 피력해왔다. 조금 철이 들었을 무렵, 부모님의 부부 싸움을 엿듣고 그녀는 마침내 답을 얻을 수 있었다.

엄마는 결혼을 앞두고 소꿉친구와 외도한 사실을 아빠에게 들켰다. 집안 어른들은 "결혼식이 코앞으로 다가왔으니 일을 시끄럽게 만들지 말라"며 "마음이 떠났어도 자식을 낳으면 다시 좋게 지낼 수 있다"라고 아빠를 타일렀다. 결국 아빠는 분을 삭이고 엄마와 결혼했지만 둘은 섹스리스 부부가 되었다. 그때 할머니와 할아버지는 아내의 의무를 다할 수 없더라도 대는 반드시 이어야 한다며 한창 젊은 두 사람에게 시험관 시술을 권유했고 결과적으로는 더욱 고통스러운 나날이 펼쳐지게 됐다.

해답을 얻고 나니 그녀는 오히려 홀가분해졌다. 알고 보니 자신은 페트리 접시 위의 배아였을 뿐이고, 사랑도 섹스도 없는 부부가 어른들의 기대에 부응하기 위해 공물처럼 바친 존재였다. 그녀는 이따금 견딜 수 없이 슬프거나 비참해지는 이유를 알지 못했는데 답을 얻고 나니 시원했다. 적어도 부모님이 자신에게 아무 감정도 없는 것처럼 보였던 이유를 설명할 수 있게 됐다.

불필요한 존재라는
느낌

————

그녀는 아무리 생각해도 자신이 이 세계에서 쓸모없는 존재인 것 같았다. 하지만 그렇더라도 강해져야만 업신여겨지지 않을 수 있었다. 그래서 종종 주변 사람들에게 모질게 굴었다. 관계에서 절대적인 우위를 차지하고 싶어서이기도 했지만, 상대방이 자신에게 맞서 으르렁대는 모습을 고스란히 흡수함으로써 자신이 이 세상에서 태어나 살아가는 일이 얼마나 불가항력적이고 원치 않는 일인지 증명하기도 했다.

그녀는 거짓된 마음으로 부부가 되어 놓고 겉으로는 아무렇지도 않은 척 버티는 부모님처럼 가식적으로 살기 싫었다. 부모님은 어른들의 기분을 맞추려고 그녀에게 끊임없이 무언가를 요구했다. 그러면 그녀는 모든 요구를 보란 듯이 파괴하면서 모든 사람이 자신을 포기하길 바랐고 더는 귀찮게 굴지 않길, 가능한 한 자신에게서 멀어지길 바랐다. 겉으로는 완벽했지만 실은 사랑이 없는 가정을 안겨준 부모의 환상을 깨부수고 싶었다.

당신들이 내린 결정은 한 사람의 목숨과 행복이 달린 중요한 사안이었다고, 시험 성적표 같은 것이 아니었다고 엄마 아빠를 이해시키고 싶었다. 그녀는 자궁에 착상된 그 순간 부모에게 생명을 부여받았지만, 그 불안한 자궁으로 전달된 것은 엄마의 후

상처받은 아이는 외로운 어른이 된다

회와 부부의 분노였다. 그녀는 언제든 낙태당할 수 있다는 신호를 시시때때로 받았을 것이다. 처음에는 그저 다른 평범한 사람들처럼 부모의 사랑을 받고 싶었지만 이제는 마음 깊은 곳에서부터 그런 사랑은 자신과 어울리지 않는다고 느꼈다.

어린 시절 관계로
타인을 예측하다

———————

어린 시절 우리는 부모가 무엇이든 할 수 있는 대단한 존재라고 생각한다. 청소년기를 거쳐 어른이 되는 동안 부모의 능력에 의혹을 품기도 하지만, 결국에는 부모의 눈에 보기 좋은 자녀, 기대에 부응하는 자녀로 비치기를 바라면서, 부모 역시 한결같이 무엇이든 할 수 있는 대단한 존재로 남아 자신의 가장 견고한 바람막이가 되어주기를 기대한다.

하지만 현실의 부모는 대부분 어린아이와 진배없다. 어떤 부모는 단지 이 세상에 나보다 먼저 도착해 일찍 인생 수련을 시작한 형제자매와 다를 바가 없다. 부모는 그들만의 문제를 안고 살아가며 그 문제를 해결하기 버거울 때 곤경에서 벗어나기 위해 무의식적으로 아이를 이용해 자신을 완성한다.

많은 부모가 아픔을 짊어지느라 자기 자신을 사랑하기조차 버거워한다. 하물며 아이에게는 억지로라도 '나는 부모다'라고 자신을 설득해야만 사랑과 곁을 내줄 수 있다. 아이에게 사랑을 주고 싶어도 자신 역시 결핍을 안고 사는 처지라 아이를 욕망 충족의 대상으로 삼기도 하고 자신의 괴로운 심정을 고스란히 쏟아부으며 아이가 덜어가 주기를 바라기도 한다. 심지어 아이가 자신보다 행복해 보이면 '어떻게 이렇게 무심할 수 있어?' '어째서 너만 늘 태평하지?' '어떻게 너만 이토록 행복할 수 있지?'라고 생각하기도 한다. '너와 대놓고 싸울 명분은 없지만, 보이지 않게 싸움으로써 내가 얼마나 괴로운지 네가 깨닫게 할 수는 있을 거야'라는 심리로 아이와 보이지 않는 힘겨루기를 하기도 하고, 아이가 갈구하는 정서를 박탈하기도 한다.

심리학자 머리 보언Murray Bowen은 정서적 결핍이 있는 부모는 아이가 독립적인 객체로 거듭나려 할 때 이를 즉시 직감하고 아이를 끝나지 않는 정서 갈등의 세상으로 다시 끌고 들어온다고 지적한다. 아이가 좀처럼 걸려들지 않으면 부모는 기를 쓰고 아이를 끌어들여 자신이 벌인 장기판의 말이 되게 한다. 그래서 어떤 자녀는 성년이 되거나 물리적으로 둥지에서 떠날 수 있는 단계까지 기다려야만 건강한 개체로 거듭날 수 있다. 그때가 돼서야 이 관계의 실체가 똑바로 보인다.

이렇게 가정에서 소홀하게 대해진 아이는 대부분 대인 관계에서 누구를 믿어야 할지 모르고 모든 관계가 불확실하다고 생각한다. 그들에게 관계는 가져도 잃어도 불안한 것이기 때문에 관계에 대한 기대 자체가 불안전감의 원천이다. 아이들을 관찰

상처받은 아이는 외로운 어른이 된다

해보면 상냥한 태도로 친근감을 표현하는 아이도 있지만 상대방의 화를 돋우는 방식으로 호감을 나타내는 아이도 있다. 관계를 구축하는 방식은 이처럼 어린 시절 우리를 돌봐주던 사람과의 상호작용에서 온다.

'사막의 모래' 심리 상태

'모든 아이에게 부모가 필요하다'라는 명제는 의심할 여지 없이 옳다. 하지만 모든 부모가 아이에게 잘해주는 것은 아니다. 특히 사랑 없는 혼인 관계에서 이런 현상이 두드러진다. 부부는 본질적으로 서로에게 보살핌을 갈구하는 관계다. 사랑과 섹스가 빠진 부부는 허기와 갈증만 더해갈 뿐 만족을 느낄 수 없다. 이들은 아이를 집중적으로 장악하고 통제해 허기진 마음을 채우려고 한다. 이런 부모 자식 관계는 겉으로는 가까워 보여도 도저히 친밀해질 수 없다. 통제와 위협만을 쏟아붓기 때문이다. 심리가 비뚤어진 방향으로 성장한 아이는 사랑을 필요로 하면서도 자기 자신을 거부하고 타인도 거부한다. 스스로 안정적인 사랑을 받을 가치가 없는 사람이라고 여기기 때문이다. 설령 일정 시간 부모와 안정적으로 애착을 형성했더라도 그 안에 자리 잡은 수많은 의혹과 서운함을 긴 시간을 들여 풀어주고 다독여줘야 한다.

이 같은 어린 시절을 보내며 오랫동안 수치심에 시달리고 거절당해온 사람은 동반자를 선택하고 나면 상대방을 사랑하려고 매우 노력하지만 늘 자신이 부족하다는 생각에 허덕인다. 그러다 '아무래도 나는 좋은 사람이 아닌 것 같아'라는 의혹이 들면 상대방의 거절을 끌어낼 만한 행동을 하기 시작한다. 이런 유형의 사람은 자기 자신도 거부하고 남도 거부하는 습성이 있어서 끊임없이 '나는 좋은 사람이 아니야' '나는 사랑받을 자격이 없어' '영원한 행복을 약속할 수 없어'와 같은 마음을 자꾸만 증명해내려고 한다.

관계에서의 안전감이 매우 부족해서 '나는 너를 거부하지만, 그런데도 너는 나를 거부하지 않아야 해. 그래야 진짜 나를 사랑하는 거야'라는 생각을 품는다. 마음 깊은 곳에서 사랑받을 가치가 없다고 생각하기 때문에 좋지만 싫은 척하는 방식으로 사랑을 갈구한다. 그렇게 사랑을 얻은 후에는 모순적이게도 이 모든 좋은 것을 지킬 수 없다고 생각한다. 그러다 상대방이 계속되는 거부를 견딜 수 없는 지경에 이르러 튕겨 나갈 때, 또 한 번 '역시 나는 사랑받을 자격이 없어' '나는 저 사람과 어울리지 않아'라는 생각을 확인한다. 이런 유형의 사람들은 주로 자신에게 친절하게 대해주는 사람을 선택하는 경향이 있다. 하지만 막상 사귀고 친밀해지면 인내심 테스트라도 하듯 상대방을 끊임없이 좌절시켜 결국은 극단적인 반감을 갖게 한다. 그렇게

상처받은 아이는 외로운 어른이 된다

'난 좋은 사람이 아니야'라고 재차 확인하는 것이다.

그들은 사랑이나 의존관계에서 좌절할 때, 인생에서 반복되어온 슬픈 드라마처럼 모욕당하고 무시당하는 게 당연하다는 결론을 내려버린다. 그렇게 어쩔 수 없었다고 합리화하고 위로함으로써 불안의 공격과 고통을 피하려 안간힘을 쓰는 것이다. 또 오랫동안 부모의 마음에 들지 못했던 사람은 다른 사람에게 환심을 사려다 실패했을 때 '나 같은 사람을 좋아하면서 시간 낭비하는 사람은 없어' '그들은 내가 필요하지 않아' '나는 영원히 누구와도 어울릴 수 없어' '내가 이상하다는 걸 절대 들켜선 안 돼. 들키는 날엔 그들이 나를 밀어낼 거야' 등의 수렁에 빠지고, 슬픔이 무심함을 압도하는 지경에 이르기도 한다.

소중한 당신에게,

당신의 존재 자체가 이미 오래전 사랑을 증명했습니다. 혹여 지금 돌아갈 곳이 없다, 안전하지 않다, 소중한 대접이나 사랑을 받을 자격이 없다는 생각이 든다면, 지금부터 설명할 이 동작을 꼭 기억하세요. 왼손을 들어 자신의 오른쪽 어깨를 잡고, 오른손을 들어 왼쪽 어깨를 잡아보세요. 자, 이제 두 손이 가슴 앞에서 교차한 자세가 되었습니다. 조용한 장소에서 지금처럼 자신에게 따뜻한 포옹을 건네보세요. 그리고 두 손으로 안았을 때의 따뜻한 기분을 느껴보세요. 살과 살이 맞닿아 있음을, 모든 세포가 사랑받고 보호받고 있음을 인지하세요. 당신만은 당신 곁을 떠나지 않습니다. 세상에서 유일하게 당신을 버리지 않을 사람은 바로 당신입니다. 그러니 두려움 때문에 자신을 배신하지 마세요. 이 상태를 조금 더 느끼고 이 기분에 조금 더 머물러보세요. 당신의 체온은 지금 여기 존재하고 당신의 미소에는 온기를 전파하는 힘이 있답니다. 당신의 좌절 또한 전파력을 가지고 있어요. 당신의 슬픔은 진실하며 당신의 즐거움은 아무 조건 없이 그냥 존재하는 것입니다.

　당신이 너무 약해져서 온 세상이 무너질 것 같다고 해도, 당신의 손이 꼭 붙들고 있는 이 어깨는 진짜라는 점을 잊지 마세요. 살아 있다는 것은 요행이 아니라 정해진 운명입니다. 우리는 부모의 핏줄을 빌려 이 세상에 왔고, 나약한 몸뚱이에 의지해 살고 있을 뿐입니다. 어차피 사랑이라는 과제를 수행해야 한다면 달아나지 않기로 해요.

우리는 함께 즐거워하고 함께 분노하고 함께 슬퍼하고 함께 즐길 수 있습니다. 세상의 모든 비슷한 나약함과 비슷하지 않은 경험을 다 받아들이면 더한 고통도 더한 즐거움도 같이할 수 있습니다. 나라는 관문을 넘으면 크나큰 축복이 반드시 저 어둠을 건너 찾아옵니다.

미워하는 사람을 닮아가다

―――――――――――――――― ✳ ――――――――――――――――

엄마는 나를 이용하기만 했습니다

"남편이랑 싸웠어. 별거를 할까 생각 중이야⋯⋯."

"우리 부모님은 늘 바쁘셨는데 다행히도 시어머니가 참 잘해주셨어. 그런 어머님이 암에 걸리신 거야. 요즘 내가 매일 병원에서 돌봐드리고 있어."

"아이가 아파서 응급실에 갔는데 남편은 신경도 안 쓰는 거 있지. 알고 보니 그 인간 요즘 첫사랑을 만나고 다니더라."

"남편이 외아들이라 그런지 어머님이 날 무척 예뻐하셔. 그런데 남편은 혼인신고를 피하면서 자꾸만 나와 싸우려 들어."

"지금 시골에 있는데 길도 사람도 다 낯설어. 숙소 근처에 은행이 없어서 명의신탁 해지도 못했지 뭐야."

"집에 젖먹이 갓난애가 있어서 외출도 곤란하고 스트레스가

상처받은 아이는 외로운 어른이 된다

무척 심해."

이것은 모두 그녀의 거짓말이다. 그녀는 공동구매를 할 때, 패키지여행을 떠날 때, 아이와 시장에서 물건을 살 때 처음 보는 사람에게 메신저 아이디를 물어보고 시간과 공을 들여 사기를 쳤다.

그녀는 겉보기에 멀쩡한 미인이고 옷도 감각 있게 잘 입었다. 그녀에게 걸려든 사람들은 임신한 몸으로 육아까지 도맡은 그녀가 기특하고 대단하다고 생각하고 기꺼이 아이디를 알려줬다. 그러면 그녀는 메신저를 통해 상대방의 일상에 친구처럼 관심을 보이다가 서서히 힘든 사연을 토로해 동정심을 자극했다. 상대는 그녀에게 닥친 불행에 함께 가슴 아파줬다.

그녀가 지어낸 이야기들은 대부분 답이 없는 문제였다. 시어머니가 암에 걸렸다, 아이가 고열로 응급실에 실려 가 링거 주사를 맞았다, 남편과 사이가 좋지 않다, 생활고에 시달린다, 독박 육아로 스트레스가 크다, 남편은 외아들이라 성격이 모났다, 스트레스가 심할 때는 창문을 열고 뛰어내리고 싶다, 인터넷 뱅킹이 먹통이라 출금할 수 없다, 아버지의 납골함을 모실 돈이 없다, 외화신탁 상품이 해약되었다, 요양원에 계신 할머니의 연명 장치를 제거하기 싫어서 돈을 내고 있다, 은행 계좌가 동결됐다, 급전이 필요한데 수중에 현금이 없다……. 그녀가 연락하는 사람들은 대부분 아이를 키우는 전업주부라 그녀의 사연에 진심으로 공감하며 그 처지를 안타깝게 여겼다. 냉혈한이 아니고서는 그렇게 느낄 만한 사연이었다.

죄책감을 끌어내
자신을 연민하다
———

그녀는 이름을 바꿔 이 도시 저 도시를 다니며 사기를 쳤다. 피해자가 속아 돈을 이체하면 차명 계좌로 돈의 일부를 돌려주었다. 나중에는 돈을 돌려받은 사람도 공범으로 몰려 죄 없는 사람의 계좌까지 동결되고 말았다. 하지만 그녀는 전혀 죄책감을 느끼지 않았다.

오히려 그런 사기 수법으로 버는 돈을 월급인 셈 쳤다. 일 년에 열다섯 명 이상을 속이면 두 달 분의 수익을 자신에게 지급했다. 이런 방법으로 짭짤하게 재미를 보았다. 실패하기는커녕 수익이 넉넉해서 월세를 내고도 남는 돈은 아이 양육비로 썼다.

진작 망가져버린 인생인데 죄책감 같은 게 대수였을까? 아무도 그녀의 진짜 이름을 몰랐다. 인터넷 공간에서 그녀는 별명을 무수히 바꿨다. 망고맘, 이쁜이맘, 로라맘……. 모든 닉네임에 '맘'을 붙여 자신의 정체성을 애 키우느라 집에 꼼짝없이 갇혀 있는데 남편은 손 하나 까딱 안 하는 주부로 설정했다. 엄마들은 그런 그녀를 동정했다. 그녀는 집 앞에 아기의 탄생을 축하하는 케이크 상자를 두꺼운 먼지가 가득 쌓이도록 놔뒀다. 녹음된 갓난아이의 울음소리를 틀었고 쓰레기를 산처럼 쌓아 두었다. 그녀를 통해 공동구매를 하려는 사람들은 그녀를 막 출산했지만 돌봐줄 사람도 없는 가련한 산모라고 믿었다. 거짓과 진실이 혼란스럽게 섞여 있는 인터넷 세상에서 그녀는 사람들의 동정심을 철저하게 이용했다.

그녀는 어렸을 때부터 노련한 사기꾼이었다. 그녀에게는 언제나 손을 벌리는 엄마와 진작 연을 끊은 아빠가 있었다. 부모님이 두 분 다 바쁘다고 거짓말을 하는 것도 실은 마음 깊은 곳의 바람이자 저주였다. 그녀는 아주 오래전에 부모에게 철저하게 실망했다. 조종하고 의존하는 부모가 끔찍이 싫었다. 어려서부터 애어른이었던 그녀는 엄마를 감정적으로 괴롭힐 수 있는 수단을 훤히 꿰고 있었다. 엄마가 자주 하는 말들에도 이미 익숙했다. "너는 나중에 무엇으로 내게 보답할래?" "나는 늙으면 너만 믿을 거야. 네가 거부할 이유는 없겠지." 엄마는 매번 남자친구와 다툴 때마다 그녀를 찾아와 밤새 울며 하소연했다. 그리고 그녀의 품에 안겨 온기를 찾으려 하며 이렇게 물었다. "딸, 나는 어쩌면 좋겠니?" "엄마는 아무 힘도 없어." "엄마는 그 남자를 어떻게 할 수가 없어. 내일 학교에 가지 말고 엄마 곁에 있어 주면 안 되겠니?" 그녀의 품에는 언제나 엄마와 술병이 있었다. 술에 취한 엄마를 건사하다 토사물을 뒤집어쓰기도 했다. 그래도 어렸을 때는 학업에 지장이 좀 생겨도 엄마의 상태만

나아진다면 바랄 것이 없었다. 하지만 엄마의 상태가 나아지는 날은 끝내 오지 않았다.

형편없는 역할을
되풀이하는 사람

———

헛된 기다림은 그녀 인생의 주축이 되었다. 엄마 일이라면 물불 가리지 않고 간이고 쓸개고 다 빼줬지만, 엄마의 운명이 그녀로 인해 바뀌는 일은 일어나지 않았다. 겨우 그 이치를 깨닫고 자기 인생을 펼치려 할 즈음에 의지하고 싶은 남자를 만났다. 남자는 젊은 나이에 가업을 이어받아 사회에 뛰어든 사업가처럼 행세했지만, 실체는 그저 뒷골목 건달이었고 남을 등쳐먹어야만 돈을 버는 사람이었다. 그녀는 그 진흙탕에 발을 들여놓고도 빠져나오려 발버둥질하지 않았다. 그저 자기를 먹여 살릴 수 있고 금전적인 수입만 있다면 사기 치는 것도 하나의 생존 방법일 뿐이라고 생각했다. 그녀는 자신이 안간힘을 다해 열심히 살고 있다고 여겼고, 사기를 당하는 사람들이야말로 한 방 먹고 싶어 안달이 난 사람들이라고 생각했다.

그렇게 아무 죄책감 없이 조금도 망설이지 않고 되돌아올 수 없는 길에 발을 디뎠다. 엄마가 그들 모녀를 불쌍하게 보이도록 연출하는 수단을 보고 자란 그녀는, 자신도 똑같은 전략으로 사람들의 돈을 열심히 뜯어냈다. 한 번 또 한 번, 자신과 같은 엄마들의 돈을 가로챈 뒤 신분을 바꾸고 이사 가기를 반복했다. 손 벌리는 엄마가 가장 싫었지만, 역설적이게도 스스로 속임수와 거짓말로 끝없이 남에게 손을 벌리는 사람이 되었다.

마음속에 자리 잡은
대인관계 레퍼토리

———

우리는 결국 가장 닮고 싶지 않은 모습을 곁에 둔다. 어린 시절 어떤 방식으로 대우받았느냐가 대인 관계에서 가장 익숙한 레퍼토리가 되기도 한다. 당신이 가장 싫어하는 모습은 무엇인가? 의존하기, 나약함, 무력함, 빌붙기, 고집부리기인가? 어쩌면 막말하기일 수도 있겠다. 어떤 모습이든 우리가 허락하지 않는 모습은 모두 마음속 지하실에 쌓인다. 다시 말해 그림자가 된다.

하지만 우리는 타인에게서 내게 허락하지 않는 그 모습을 본다. 그리고 그 사람이 내 마음속 시나리오에 따라 연기해주길 바란다. 예를 들어 구원자 역할을 하는 사람은 주변에 반드시 구원받으려는 사람이 있을 것이다. 의존하는 역할이라면 주변에 분명 의지할 만한 상대가 있을 것이고, 눈치 빠른 탐정 역할이라면 자기 욕구를 수시로 알아차려주길 바라는 대상이 있을 것이다. 대인 관계에서 우리는 다양한 대상을 끌어당겨 마음속에 정해둔 시나리오를 현실 세계에서 구현하고, 그 역할에 생명력을 부여한다. 이러한 역할들은 어린 시절에 익숙해진 생존 전략에서 발단한 것이다.

살기 위해 맡은 역할이
우리를 지배한다

인생에서 선택한 모든 역할은 각기 유래와 사연이 있다. 나는 어떻게 능력자 역할을 맡게 되었을까? 일을 망쳐놓기 일쑤인 무뢰한 역할은 또 어떻게 하게 되었을까? 이런 역할들은 모두 의미, 지위, 가치를 지니고 우리의 생존을 돕는다. 생존하기 위해 습관이 되어버린 행동은 어느새 인생의 일부가 된다. 어떤 사람은 근면이나 세심함이 몸에 배었고 또 어떤 사람은 습관처럼 남이나 운명을 탓한다. 이렇게 역할과 동일시되면서 '이게 바로 나야'라고 인식하는 상황을 '특질화'라고 한다.

'나는 ○○보다 세심한 사람이야.' '나는 ○○보다 부지런해.' '나는 ○○보다 남 탓을 많이 해.' 특질화는 이런 식의 상호작용에 기인한다. 수많은 관계에서의 기대감이 특질화를 낳기도 한다. 예를 들어 어떤 관계에서 약한 모습을 보일 때 이득이나 연민을 얻는다면, 이 유리한 위치를 놓으려 하지 않을 것이다. 점

상처받은 아이는 외로운 어른이 된다

점 더 많은 감정적인 수단을 쓸 것이고 이를 통해 다양한 관계에서 이익과 연민과 동정을 얻으려고 할 것이다.

사례 속 주인공은 처음에는 엄마의 애정 결핍과 뒤바뀐 모녀 역할 때문에 고통스러워했고 엄마를 경멸했다. 하지만 살면서 겪은 사건에 근거해 이 무력함을 잘만 이용하면 더 이상 엄마에게 시달리지 않고 지긋지긋한 처지에서 벗어날 수 있을 거라는 착각에 빠졌다. 어른스러웠던 그녀가 무력한 모습을 드러내면서 가르침과 도움이 필요한 사람처럼 굴었다. 신경질적으로 굴고 막무가내로 울거나 자해하겠다고 협박하면 상대방은 도의적으로 미안한 마음이 들어 그녀를 외면하지 못하고 도왔다.

그녀는 이렇게 자신의 모든 것에 지나치게 몰입해주는 한 무리의 구원자를 끌어들임으로써 다시는 농락당하지 않을 삶으로 업그레이드된 것 같은 기분을 느낄 수 있었다.

이렇게 농락하고 농락당하는 관계는 그녀 그림자의 두 얼굴이었다. 그녀를 보살펴주고 돈을 빌려주는 사람들, 그녀가 매달리고 구걸하는 사람들은 바로 과거의 자신이었다. 그녀는 삶의 곤경을 뛰어넘기를 바라면서도 경멸해 마지않던 수단을 써서 자기 자신을 형편없는 구렁텅이에 밀어 넣고 말았다.

부모가 방치했거나 함부로 대했던 아이, 정서적 유기 상태에 처했던 아이는 구원하고 구원을 청하는 관계에서 헤어 나오는 방법을 좀 더 적극적으로 배워야 한다. 어른이 된 우리의 손에는 더 많은 패와 선택지가 있다. 우리는 과거와 끊임없이 빚는 갈등을 멈추고 진짜 능력을 갖춘 사람으로 거듭날 수 있다. 구원받고 싶은 유혹에서 서서히 멀어져야만 과거의 틀에서 벗어나 온전히 자기가 내린 선택으로 자기만의 길을 걸을 수 있다.

상처받은 아이는 외로운 어른이 된다

당신은 어떤 사람에게 불쾌감을 느끼나요?

□ 의존하는 사람

□ 피해자

□ 재밌는 사람

□ 무뢰한

□ 착한 사람

□ 허풍쟁이

□ 파괴적인 사람

□ 자기 자랑을 일삼는 사람

□ 독선적인 사람

□ 완벽한 사람

□ 가진 것도 없으면서 우쭐대는 사람

□ _____

□ _____

□ _____

마음 깊은 곳에서 이들에게 유감을 느끼는 데는 원인과 맥락이 있습니다. 그들을 싫어할 때 당신의 마음에 반드시 어떤 감정이 타오를 것입니다. 이러한 감정에 좋고 나쁨은 없지만 관찰해볼 가치는 있습니다. 과거에 저런 행동을 했던 사람이 당신 인생에 어떤 영향을 끼쳤나요? 당신이 지금과 같은 사람이 되는 데 어떤 역할을 했나요? 인생에서 다양한 결정을 내리는 데 어떤 영향을 주었나요?

관찰이 끝나면 깨달을 수 있을 것입니다. 당신이 지금의 당신인 이유는 과거의 경험 때문입니다. 함부로 휘둘리거나 조롱당하지 않으려면 관계 속의 핑퐁을 이해해야 합니다. 그래야만 만족스러운 인생을 살 수 있고, 더 다양한 선택지, 나아가 더 마음에 드는 선택지를 갖게 될 것입니다. 몇 년 뒤 자신에게 용서할 수 없는 과거가 있음을 깨닫게 될지도 모릅니다. 하지만 당신은 그로 인해 망가지지 않습니다. 인생이 망가지는 때는, 낡은 선택지에서 벗어나지 못할 때뿐이니까요.

상처받은 아이는 외로운 어른이 된다

참아온 불만이 한꺼번에 터지다

기 센 부모님 아래서 감정을 숨겼습니다

"엄마, 이제 애가 스스로 대소변을 가리게 훈련해야 한다니까요. 이렇게 해야지요."

"아유! 괜찮대도!" 어머니가 아이를 어르며 기저귀를 벗기려 했다.

"순서대로 벗겨야지요. 무턱대고 바지부터 내리는 게 아니고요! 휴우…… 엄마, 제 말 듣고 있어요?" 리웨이 씨는 아이의 기저귀를 갈겠다며 바지부터 내리려는 엄마에게 그만하라고 손사래를 쳤다.

"아이고, 너는 말만 할 줄 알지, 못하잖아." 엄마도 손을 내저으며 비키라는 의사를 표시했다.

"참나, 그게 아니라고요. 그렇게 하면 애가 놀라잖아요. 차근

차근 단계적으로…….” 리웨이 씨도 포기하지 않고 어머니와 아이 사이를 가로막았다. 이젠 어머니도 다급해졌다.

“너도 내가 이렇게 키웠어. 설마하니 내가 손주를 해치기야 하겠니?”

“엄마는 너무 거칠잖아요. 이렇게 함부로 다루면 아이가 수치심을 느낀다고요. 난 내 애를 그렇게 키우고 싶지 않아요!”

“너도 그렇게 컸다! 그래서 내가 너한테 수치심을 줬단 말이냐?”

“아이참, 엄마는 아무것도 모르면서! 그런 말이 아니잖아요!” 둘이 옥신각신하는 사이에 아이는 궁둥이를 드러낸 채 두 어른의 설전을 멀뚱멀뚱 바라봤다. 리웨이 씨가 결국 아이를 빼앗듯 안아 올리며 한마디 뱉었다. “엄마, 잘 들어요. 내가 그렇게 커서 매사에 자신감이 없다고요! 내 애까지 엄마 때문에 부끄러워하며 살아야겠어요?”

“뭐? 너 똑바로 말해봐라. 뭐가 부끄럽다는 거냐? 무슨 일만 있으면 늙은 엄마 탓이지! 너 어릴 때 똥 기저귀 내가 다 갈았다. 너한테 대단한 건 못해줬지만 그래도 고생하면서 열심히 키웠어. 그런데 인제 와서 엄마 핑계를 대냐?” 리웨이 씨는 한숨을 내쉬었다. 더 이상 논쟁을 끌어가고 싶지 않았다. 자신을 위해서가 아니라 아이 문제로 엄마를 슬프게 하고 싶지 않아서였다. 상냥하고 친절한 말로 “아이가 차근차근 기저귀를 떼도록 도와주세요”라고 말하지 못한 자신을 자책했다.

상처받은 아이는 외로운 어른이 된다

리웨이 씨는 엄마와 자주 이런 식으로 부딪혔다. 특히 아이를 키우면서 자신이 어떻게 자랐는지, 어떻게 한 걸음 한 걸음씩 지금의 모습이 되었는지 엿보게 되었다. 엄마의 방어적인 태도도 실은 속상함의 표현임을 알고 있었다. 그래서 매번 잘 소통해보려 했지만 상냥한 말이 입가에 맴돌다 사라졌다. 과대 해석하고 싶진 않지만, 이런 상태에서 소통할 여지가 있을까?

어릴 때부터 리웨이 씨는 말 잘 듣는 아이였다. 엄마는 기가 셌고 아빠도 그에 못지않았다. 가뜩이나 두 사람의 양보 없는 감정싸움이 차고 넘치는데 자신까지 말을 덧붙이면 가족 전쟁이 될 게 뻔했다. 그래서 그는 아무 소리 내지 않고 투명인간이 되는 전략을 택했다. 하지만 자식의 교육과 인성 함양이 걸린 문제 앞에서는 조금도 양보하고 싶지 않았다. 반면 어머니의 눈에는 아들의 이런 모습이 결혼하더니 아내에게 물들어 성격이 급변한 것으로 보였다.

마음을 정돈하지 못하는 사람은
타인을 내동댕이친다

상담 현장에서 리웨이 씨의 어머니 같은 결핍형 부모 유형을 자주 접한다. 이들은 종종 무의식중에 위협이나 불만을 느끼고 선제공격을 가하거나 독설을 내뱉고 무언가를 발산하듯 사사건건 트집을 잡으며 아이들의 불만과 불편은 나 몰라라 한다.

또한 늘 박탈감을 느끼고 자주 피해의식에 빠지거나 남에게 지배당한다고 느낀다. 본인의 부정적인 감정을 떨쳐내지 못하기 때문에 아이의 불쾌함은 더욱 마주할 자신이 없다. 그래서 이런 나쁜 감정을 멀리 던져두고 받아줄 만한 사람을 기다린다.

사례 속 가정에서 가장 필요했던 것은 협조적이고 말 잘 듣는 아이였다. 리웨이 씨는 딱 그런 역할을 맡아 수행했고 덕분에 부모에게서 최대한의 기대와 관심을 받을 수 있었다. 대인 관계에서 일어나는 일종의 교환이었다. 하지만 그들은 서로의 진심은 몰랐다. 리웨이 씨는 겉으로 보기에 조용한 아이였지만 속에는 소화하지 못한 수많은 불만이 가득했다. 기가 센 부모 역시 불만 가득한 자신들의 마음을 소화하기 어려웠다. 양쪽은 서로를 이해하는 듯 보였지만 실은 불만이 해소되지 못한 채 쌓이고만 있었다.

아이에게 아이의 것이 아닌 인생을 투사하다

멜라니 클라인Melanie Klein은 이런 상황을 '투사적 동일시'라고 부른다. 원망하는 행위가 실제로 원망스러운 사람이나 사물을 선택적으로 끌어들인다는 의미이다. 이때 상대방이 주어진 역할을 받아들이면 원망은 현실이 된다. 이와 같은 끌어당김의 법칙은 유아의 자기중심적 발상에서도 발견할 수 있다. 유아는 내면에서 받아들일 수 없는 부분을 상상의 외부 대상에게 투사하고 그 대상을 다시 내재화한다. 이런 과정이 성립되면 엄마는 아이에게 오해받고 있다는 생각을 하게 되고, 아이도 엄마에게 상처를 입혔다고 생각하게 된다. 이런 식으로 상대방이 내가 투사한 원망에 반응해주고 있다는 사실을 계속 깨닫지 못하면 두 사람은 가해자와 피해자 역할을 계속하게 될 것이다.

대인 관계 속
교환에 참여하라

리웨이 씨의 이야기를 듣고 대학원 시절 상담했던 케이스가 생각났다. 대학생이었던 내담자는 성적은 우수했지만 대인 관계에서 어려움을 겪고 있었다. 조금 깊게 이야기를 나눠보니 그는 자신이 중요하게 여기는 사람이 자신을 전혀 중요하게 여겨주지 않아서 늘 진심을 주고도 배신으로 돌려받는다는 느낌에 사로잡혀 있었다. 그런 상황에 분노하면서도 다른 사람에게 자신의 기분을 표현하지 않았다. 대인 관계에서 부담과 걱정이 많았고 종종 다른 사람의 요구를 자신의 요구보다 우선시했다.

그가 상담실을 찾은 이유는 여자친구와의 이별 때문이었다.

여자친구에게 그토록 잘해주었는데도 한바탕 휘둘렸다는 기분을 떨칠 수 없었던 것이다. 상담 후 그는 자신의 인간관계에서 비슷한 문제가 반복되고 있다는 점을 깨달았다. 사람들은 그의 입장에서 생각해주지 않았고 그를 중요한 사람으로 대하지 않았으며 그도 원하는 것이 있을 거라고 생각하지 않았다. 이런 생각을 오래 품어오는 사이 그는 주기만 하는 호구인 동시에 끝없이 갈구하는 다 큰 어린애가 되어버렸고, 양극단을 오가며 동요하는 자신의 모습이 모순적이고 이상하다고 느꼈다.

때문에 주변 사람들은 그가 무슨 생각을 하는지 도무지 갈피를 못 잡았고, 그를 지나치게 감정적이고 대하기 어려운 사람, 변덕스럽고 일희일비하는 사람이라고 여겼다. 하지만 그는 이런 평가에 전혀 동의할 수 없었고 부당하다는 생각마저 들었다. 결국은 자신이 인간관계에서 있으나 없으나 상관없는 존재 또는 쓸모가 다하면 버려지는 장기판의 말로 취급된다고 생각했다.

그런데 그는 어떻게 다른 사람이 자신을 그렇게 대하도록 끌어당긴 것일까? 그는 사람들이 무언가를 요구하면 "네" "좋아요" "알겠습니다"라고 응했고, 그럴 때마다 좋은 사람이라는 칭찬과 관심을 받았다. 하지만 잠깐의 관심은 그의 허기를 채워주지 못했고 잠시 스쳤다가 사라지는 시선을 볼 때마다 관심을 잃을까 봐 노심초사했다. 관계에서 목마름을 느낄수록 점점 더 환심을 사려고 애썼지만, 방법이 잘못된 탓에 자신을 망쳐버릴 사람을 더 많이 끌어들이게 되었다.

우리는 세상이 엉망진창이고 미덕이 사라졌다고 원망할 때마다 실제로 주변 사람들이 자신을 경시하고 함부로 대하도록 이끌었을지 모른다. 그리하여 자기 자신을 터럭만큼도 아끼지 않는 사람이 되어버렸을지도 모른다.

관계의 모든 과정은 상호작용의 선택이므로 자신에게도 책임의 지분이 있다. 아이였을 때 분한 일을 당하고도 화를 삭이고 감정을 드러내지 않았다면, 당시에는 어른에게 붙들려 훈계를 듣지 않아도 돼서 좋았을 테지만 이후에 또 같은 일을 당할 때 사람들은 당신이 괜찮다고 생각할 것이다. 이런 일들은 모두 본인이 선택한 것이며, 상대방이 자신을 그렇게 대하도록, 또 그렇게 예측하도록 허락한 것이다.

이런 사람은 비록 약간의 해탈을 얻지만, 여러 가지 불편한 감정을 소화하는 방법을 배우지 못한다. 어느 날 피해의식과 박탈감이 한꺼번에 거세게 몰려오면 감정을 조절하기 위해 가시 돋친 말을 내뱉거나 까다롭게 행동하고, 타인의 시선과 요청은 더더욱 무시한다. 내면이 빈곤한 사람이 내면이 풍성한 사람을 질투하는 것은 인지상정이다. 그래서 내면이 빈곤한 부모는 자식에게 기대를 걸면서도 자식을 시기한다. "난 너에게 충분히 잘해줬어"라고 습관처럼 말하지만, 그런 말을 함으로써 오히려 사랑과 관심을 철회해온 것이다.

먼저 내면에 자리 잡은 고민을 직시하고 아이에게 불만을 털어
놓을지 결정해야 합니다. 그래야만 삶의 갈등을 복제하지 않고
새로운 가능성을 열 기회를 얻을 수 있습니다.

자기 자신이 소중하다는 점도 알아야 합니다. 또 과거에 자신
이 흘렸던 모든 눈물과 모든 경험이 헛되지 않았음을 받아들여
야 합니다. 우리는 한때 상처투성이였지만 이제는 단단한 굳은
살이 박혔고 그 굳은살 속에서 다시 태어났습니다. 그 점을 기억
하세요. 그 상처들을 모두 마음속에 묻었대도 시간의 숙성을 거
치면 아름다운 문장으로 다시 태어날 것입니다.

스트레스 앞에서 무너지다

───── ✶ ─────

순종하면 다 해결되는 줄 알았습니다

인사팀 팀장인 창나 씨의 결혼은 유난히 주변 사람들의 부러움을 샀다. 그는 부서의 책임자이면서 인사 업무를 똑 부러지게 해냈을 뿐 아니라 '싱글 사원 친목 연합'까지 이끌고 있었다.

"팀장님, 지금 사원 친목 핑계로 사심 채우시는 거 맞죠?" 동료들은 이렇게 장난삼아 그를 구박했다. 유머러스하고 위트 넘치는 싱글이었던 그는 실제로 단번에 여성 사원들의 마음을 사로잡곤 했다. 나중에 그의 아내가 된 사람은 업무 역량이 뛰어난 외국계 회사 임원이었다. 아내의 직급이 창나 씨보다 높았지만, 그 때문에 두 사람 사이에 감정의 골이 생긴 적은 없었다. 창나 씨의 융통성 있는 태도와 열렬한 구애에 아내는 마음을 열었다. 두 사람은 곧 결혼해서 바로 아이를 낳는 등 인류지

대사를 빠른 속도로 치렀다. 하지만 아이가 세 살 되던 해에 창나 씨는 직무 스트레스로 예기치 못한 일상의 변화를 맞게 되었다.

몇 년간 계속된 회사의 실적 악화로 창나 씨는 인사이동 및 이직 관련 상담을 자주 해야 했다. 업무가 늘어나자 예전처럼 여유롭게 일을 처리할 수 없었고 그로 인한 스트레스가 컸다. 화기애애한 분위기에서 사람들과 어울리기를 좋아하는 창나 씨는 굳은 얼굴로 동료들을 회사에서 내보내는 일이 고역스러웠다. 이일은 그가 추구하는 업무 스타일과 무척 달랐다. 창나 씨는 어느 날 갑자기 자신이 엄청난 스트레스를 받고 있다는 사실을 깨달았다. 어릴 때부터 부모님에게 지적과 비난을 받는 데 익숙했던 그는 일찌감치 갈등을 멀리하며 살기로 마음먹었는데, 지금의 직무 환경에서는 동료들에게 불가피한 발령 소식을 전해야 하는 불편한 상황이 반복될 수밖에 없었다.

권고사직이나 대기발령을 받은 동료들의 실망한 얼굴을 마주할 때마다 창나 씨는 강한 죄책감에 시달렸다. 회사의 지시 때문에 어쩔 수 없이 이 일을 하고 있었지만, 동료들의 감정을 고스란히 느끼면서 반복해서 퇴직금 따위를 논하는 상황이 무척 버거웠고, 마치 가족과의 관계를 끊어내는 것처럼 고통스러웠다.

불필요한 호소를 늘어놓거나 그의 탓인 것처럼 감정적으로 책임을 뒤집어씌우는 동료도 있었다. 창나 씨는 주변 사람들의

상처받은 아이는 외로운 어른이 된다

비위를 잘 맞추는 스타일이었던 터라 더욱 큰 스트레스에 시달렸다.

'어떻게 하면 좋을까?'

그는 심적으로 기복이 심한데도 여전히 아무렇지 않은 척, 괜찮은 척했다. 회사에서 받은 스트레스를 집에까지 가져가고 싶지 않았지만 무의식적으로 가족들을 소홀히 대했다. 언제부터인가 퇴근해서 집에 오면 아들은 아빠를 없는 사람처럼 대했고 말을 붙여도 들은 체하지 않았다. 창나 씨는 불현듯 퇴직을 앞둔 동료들의 그 달갑지 않은 표정이 떠올랐다. 그러면서 자신이 지금 굉장한 오해를 받고 있으며 자신의 원래 모습을 잃었다는 생각이 들었다. 직장과 가정에서 받는 이중의 압박감 때문에 아들에게 자꾸 화를 내게 되었고 버럭 소리부터 지른 뒤에는 곧바로 후회하기 일쑤였다.

아내는 성질이 괴상해진 창나 씨를 지켜보다 결국 참지 못하고 불만을 한꺼번에 쏟아냈다. 하지만 이런 싸움은 창나 씨가 내면의 스트레스를 바로 보는 데 전혀 도움이 되지 않았고, 오히려 실망스러운 모습을 보이게 됐다. 그의 자상함과 친절은 한순간에 무너졌고, 사방에서 몰려오는 스트레스와 아내의 비난에 더욱 고달프고 괴로운 처지가 되었다.

삶에서 만나는
각종 부적응

———

건강한 사람은 다양한 모습을 갖고 있다. 하는 일이나 장소, 상황에 따라 조금씩 다른 모습을 드러내는 것은 자연스럽고 건강한 현상이다. 그런데 만약 과거에 결심한 바를 환경이나 상황을 불문하고 습관처럼 적용한다면, 그것은 방어기제일 뿐이다. 물론 자기를 지키는 일은 매우 중요하다. 인간은 각종 위험인자에 노출된 환경에서 생존을 추구하는 생명체라서 방어 능력을 안 갖췄다가는 금세 무너지거나 침해당할 것이다. 심리적인 방어는 타인이 내 삶에 함부로 끼어들거나 사실과 다른 그럴싸한 관념을 주입할 위험을 막아준다. 하지만 습관으로 고착되어 과도하게 경직된 관계 패턴으로 다른 선택의 여지가 없어지면 오히려 곤경에 빠지기 쉽다.

사례 속 순종적인 남편은 순조로운 상황에서는 자신과 아내 사이의 격차를 전혀 느끼지 못했다. 일이 여유로울 때는 순풍에 돛을 단 듯 인생이 부드럽게 나아간다고 생각했다. 그러나 직무가 달라지자 그로 인한 스트레스가 보이지 않는 그물이 되어 창나 씨를 고립시켰다. 직장에서 받은 스트레스를 집으로 가져가지 않겠다는 좋은 뜻마저 제어할 수 없는 압박으로 변해버렸다. 자신을 억압한 나머지 정서가 괴이해졌을 때, 모든 부정적인 기분이 무의식적으로 외부에 투사되었다. 스트레스 상

상처받은 아이는 외로운 어른이 된다

황에서 사람은 자신이 가장 중요하다고 믿는 신념을 비교적 쉽게 드러낸다.

남에게 순종적이고 환심을 사려고 노력하는 사람은 자신이 상대방의 필요에 의존한다는 점을 모른다. 오히려 자신은 미덕이 넘치는 사람이라고 생각한다. 이들의 공감 능력은 관계 속에서 강화되고, 그로 인해 사회적으로 인정받고 사랑받으며 많은 사람으로부터 멋진 칭찬과 관심을 얻는다. 반면 외부의 공격에 용감하게 맞서는 사람은 남들이 쉽게 꺼내지 못하는 말이나 분노를 거리낌 없이 드러낸다. 이렇게 승리할 때까지 싸우는 심리를 통해 자신이 강인하다고 느낀다. 이들은 자기 목소리를 내지 못하는 사람을 경멸하며, 자신이 그런 사람을 대신해 발언해준다고 생각한다. 자신이 특별한 존재라고 생각하기 때문에 평범하고 세속적인 이들의 시선에 구속받지 않는다. 평범한 사람들과 시시콜콜 따지지 않고 경쟁할 필요도 없이 그저 자신의 개성과 초월적인 안목을 유지하며 세속과 거리를 둘 뿐이다.

이런 방어기제는 장점도 분명 있지만 스트레스 앞에서는 효과를 보지 못한다. 습관으로 굳어진 패턴을 포기하고 나면 이제 무엇을 따라 어떻게 행동해야 할지 알 수 없고 그 상태에서 적절한 대인 관계 전략을 발전시키는 것도 쉽지 않기 때문이다. 여기서부터 문제가 발생하는 것이다.

외부 환경 때문에 궁지에 몰렸을 때 자신에게 여유로운 공간을 허락해야 합니다. 아래의 '역할 확장 리스트'를 참고하여 전환 연습을 해보세요.

: 생각할 거리 하나

동료와 의견 충돌이 생기면 당신은 어떻게 하나요?

☐ 이길 때까지 싸운다.
☐ 타협한다.
☐ 상대방의 의견에 따른다.
☐ 일단 충돌을 피한다.
☐ 기회를 엿보며 기다린다.
☐ 화제를 돌리며 다른 사람이 의견을 말하도록 한다.
☐ 윗사람이 처리하게 둔다.
☐ 기타

: 생각할 거리 둘

이제 갈등의 대상이 가족으로 바뀌었습니다. 가족과 의견이 일치하지 않을 때 당신은 어떻게 하나요?

☐ 이길 때까지 싸운다.

□ 타협한다.

□ 상대방의 의견에 따른다.

□ 일단 충돌을 피한다.

□ 기회를 엿보며 기다린다.

□ 화제를 돌리며 다른 사람이 의견을 말하도록 한다.

□ 연장자가 처리하게 둔다.

□ 기타

: 생각할 거리 셋

이제 갈등의 대상이 배우자로 바뀌었습니다. 배우자와 의견이 일치하지 않을 때 당신은 어떻게 하나요?

□ 이길 때까지 싸운다.

□ 타협한다.

□ 상대방의 의견에 따른다.

□ 일단 충돌을 피한다.

□ 기회를 엿보며 기다린다.

□ 화제를 돌리며 다른 사람이 의견을 말하도록 한다.

□ 연장자가 처리하게 둔다.

□ 기타

대상에 따라 당신의 대응 방식이 같을 수도 다를 수도 있다는 사실을 깨달았을 것입니다. 우리는 각기 다른 상황에서 가장 적합한 결정을 할 것입니다. 이제 가장 최근에 타인과 의견이 충돌했던 경험을 쓰고 그 원인도 적어보세요.

의견이 달랐던 상대 : _____

나의 대응 : _____

위와 같이 대응한 이유 : _____

그 대응이 평소 당신이 주로 사용하는 대응 전략인가요? 상대가 바뀌어도 똑같이 대응했을까요? 이제 당신이 다음과 같은 역할을 맡았다고 생각해보세요. 똑같이 대응하겠습니까? (국왕, 황후, 하인, 어린이, 반려동물, 간사한 소인배, 성실한 사람, 거짓말쟁이, 장사꾼, 돈 있는 척하는 사람, 광대, 공주, 부잣집 자녀, 사치스러운 사람, 귀하게 자란 외동딸, 꼭두각시, 억만장자, 유치원 교사 등) 가장 받아들이기 힘들거나 용납할 수 없는 역할은 무엇인가요? 일상처럼 익숙한 역할은 무엇인가요? 각 역할에 어떤 개성을 부여했나요?

도무지 이해할 수 없다고 생각하는 역할이 우리 마음속 블랙

상처받은 아이는 외로운 어른이 된다

박스 안에 자리 잡고 있을 수 있습니다. 혐오하고 경멸하는 역할들은 모두 우리의 어두운 그림자이자 에너지입니다. 때로는 이들의 힘을 빌려서 자신을 더 잘 이해하고 내면을 더 풍부하게 가꿀 수 있습니다. 겁 많고, 쉽게 당황하고, 의심이 많은 사람이라면 털털하고 대범한 역할을 시도하면서 자신의 새로운 면을 넓혀나갈 수 있습니다. 절대로 잊지 마세요. 당신이 이 세상에 왔다는 사실 자체로 당신은 더없이 다채로운 사람입니다. 자신의 가능성을 제한하지 마세요.

부모와 적절한 거리를두지 못하다

❁

착한 딸로 살면서 모든 게 지쳤습니다

"딸, 보물단지 내 손주는 잘 지내니?" 전화기 너머로 안부를 묻는 엄마가 몹시 신이 났다는 것을 알 수 있었다.

"잘 지내니까 그만 좀 물어봐요!" 하지만 그녀는 친절은커녕 찬물을 끼얹듯 냉정하게 대답했다.

"좀 물어볼 수도 있지 뭘 그래? 이제 컸으니 엄마는 필요 없다는 거냐?"

"그런 말이 아니잖아요! 그냥 엄마가 나를 어린애로 보지 않았으면 좋겠어요. 애는 내가 낳았는데 왜 엄마가 사사건건 참견이에요? 매일같이 전화해서 이것저것 캐묻잖아요."

"너 걱정돼서 그러는 거 정말 모르고 하는 소리냐? 그럼 관두련다. 나야 홀가분하고 좋지."

상처받은 아이는 외로운 어른이 된다

"그거 봐. 이제야 진심을 말하네. 처음부터 진심이 아닌 줄 알았어요."

"너는 듣고 싶은 말만 듣냐? 너 지금 엄마한테 무슨 말을 하고 있는지 알기나 해?"

"아유, 됐어요. 엄마랑 더 말하기 싫어요. 엄마가 이것저것 지적하면서 우쭐해하는 거 진작부터 알고 있었어요. 인제 그만 해요!"

"너 편하게 해주려고 이러는 거 정말 몰라? 엄마한테 이렇게밖에 말 못 해?" 사실 엄마는 딸이 무엇을 말하고 싶은지 알아듣지 못했다. 그냥 잔뜩 억울할 뿐이었다.

"……알았어요. 이제 결혼하더니 변했느니 어쩌느니 그 말할 거죠? 더 말하기 싫어."

(……뚜뚜뚜)

그녀는 귀를 씻고 싶다는 듯 매몰차게 전화를 끊어버렸다.

"왜 그래? 당신 왜 매번 장모님께 그렇게 화 내는 거야?" 남편이 도무지 이해할 수 없다는 듯 물었다. 그녀는 엄마와 대화를 하고 나면 패배한 싸움닭처럼 진이 쭉 빠져서는 한동안 회복하지 못했다. 그러다가 결국 화를 남편에게 발산하기도 했다. 하지만 그녀도 이 감정을 어떻게 할 수가 없었다. 이런 상황이 길어지다 보니 그녀도 이제 달라지고 싶었다.

한 번도 욕구를 표현한 적 없는
투명인간

———

그녀가 아무 이유 없이 엄마를 박대하는 것은 아니었다. 그녀는 오랫동안 엄마가 두 얼굴을 가졌다고 생각했다. 엄마는 도와주겠다고 하면서도 자신을 무능하다고 비웃었고 늘 겸손한 마음으로 부모에게 감사해야 한다고 말했다.

둘째인 그녀는 편식하거나 투정 부리는 법도 없는 키우기 수월한 아이였다. 자신과 달리 어릴 때부터 매사에 자기 의견을 또박또박 밝히는 언니를 보면서 '우는 아이 떡 하나 더 준다'라는 이치를 아주 일찌감치 깨달았다.

부모님은 언니를 데리고 쇼핑을 가면 브랜드 가방을 사주었지만 그녀에게는 하자 상품이나 싸게 파는 디스플레이용 상품만 허락되었다. 언니가 값비싼 브랜드 구두를 신을 때 그녀는 고작 중고 신발을 얻어 신었고 생필품도 언니가 먼저 고르고 남은 것을 가졌다. 그녀가 집에서 부여받은 역할은 미덕이 몸에 밴 둘째 딸이었다. 언제나 검소하고 온순했으며 두 다리와 바꾸려고 목소리를 내어준 인어공주처럼 말이 없었다. 그녀가 너무 조용한 탓에 사람들은 그녀의 요구를 무시했고 그녀의 일을 대신 결정하곤 했다.

"언니는 어릴 때 할머니 할아버지 손에 자라서 부모 사랑을 덜 받았잖니. 그러니까 네가 조금만 양보해라." 그녀는 자주 이런 요구를 받았다. 목소리가 없는 딸로 암묵적으로 통했던 그녀는 부모님께 걱정을 끼치지 않기 위해 늘 언니보다 한 뼘 낮은 위치에 있었다. 그러면서 아무도 보지 않는 곳에서만 부모님의 도움을 받았다.

언니가 착한 딸이 아니었기 때문에 그녀는 자유도 양보해야 했다. 사춘기 시절 부모님은 툭하면 방문을 함부로 열고 들어왔고 "제 방문 열지 마세요!"라고 말하면 곧바로 야단을 맞았다.

"집에서 숨긴 왜 숨어? 문 닫지 마라."

프라이버시와 개인 공간을 원하려고 하면 즉시 비난이 쏟아졌다.

"너도 네 언니처럼 되려고 그러냐?"

"가족끼리 무슨 비밀이 그렇게 많아?"

"친구는 사귀어봐야 도움도 안 되고 너한테 해만 끼쳐. 네 언니가 사귄 그 많은 친구들 좀 봐라. 어디 쓸 만한 애가 있든?"

어른이 되면서 그녀는 집에 온기라고는 없다고 불평하며 중학교 때 가출한 언니의 심정을 이해하게 되었다. 자매는 평생 부모의 초조함과 공존했다. 아빠와 엄마가 언니에게 짐짓 공감하는 것처럼 굴었던 이유는 언니가 밖에 나가 가정사를 함부로 말하고 다녀서 부모 얼굴에 먹칠할까 봐 두려워서였다. "친구를 떼거리로 사귀어봐야 무슨 소용이냐?"라고 말한 것도 비슷한 이유에서였을 것이다. 부모님은 언니 손에 돈을 쥐어주는 방식으로 언니를 다뤘다. 그러면서 언니에 대한 불안, 의심, 걱정을 동생에게 전가하여 동생은 본분을 다하고 도리와 효도를 다해 부모님을 걱정시키지 않는 욕망 없는 투명인간이 되게 했다.

자존감이 낮은
아이

————

줄곧 순종만 하던 그녀는 부모님이 언니를 통해서는 우월 감을 느낄 수 없다는 것을 알았다. 그래서 가족의 체면을 세워주고 그들을 기쁘게 하고 기분 상하게 하지 않기 위해 노력했다. 부모님이 안쓰러웠지만, 부모님이 밖으로 드러나지 않게 혜택을 주는 방법으로 자신을 다루면서 대외적으로는 좋은 부모인 척하는 패턴도 파악할 수 있었다. 이런 양육방식 때문에 자매의 자존심은 바닥에 떨어져 짓밟혔다. 엄마 아빠는 언니에게 잘해주면서도 언니를 무시했고, 자신에게는 착한 아이가 되라고 요구하면서도 칭찬하기 싫어했다. 부모의 기대와 요구를 막아내기 위해 그녀는 몇 번이고 쌀쌀맞게 대응해야 했다.

자매는 비정상이라고까지 할 수는 없지만 사랑에 무감각한 가정에서 자랐다. 언니가 결혼하고 자신도 가정을 꾸리고 나니 이 모든 문제가 확연하게 드러났다. 빈 둥지가 허전해진 부모님은 그녀를 자꾸만 붙잡고 싶어 했지만 그녀는 받아들일 수

상처받은 아이는 외로운 어른이 된다

없었다. 그녀는 여전히 유능함과 무능함 사이에서 방황하느라 고통스러웠다.

"너 제왕절개 했잖니. 엄마가 두세 달 곁에 붙어서 산후조리 해줄게. 그 정도는 문제없단다!" 엄마가 출산한 딸을 걱정하는 거라고 믿고 싶으면서도 어쩐지 엄마가 자신을 보고 혼자서는 아무것도 제대로 못한다고 손가락질을 할 것 같았다.

그녀는 좋은 딸 노릇을 할 수도 없었고 마음 놓고 엄마 역할을 해낼 수도 없었다. 그녀가 자신만의 삶을 살려고 하면 엄마는 하나부터 열까지 틀렸다고 할 것이고, 엄마가 사랑과 관심을 거두어갔으면 싶으면서도 엄마가 받을 엄청난 상처와 실망을 감당할 자신이 없었다. 어렸을 때부터 감당하기 어렵다고 느낀 문제였다.

모든 부모는
좌충우돌하고 전전긍긍한다

누군가를 사랑하는 과정은 상대방 집의 대문을 허무는 일과 닮았다. 특히 가족을 향한 사랑은 더욱 그렇다. 어떤 부모는 자신의 불안과 초조를 아이에게 투영하고 이내 그 감정을 '너는 내 말을 들어야만 해'라는 통제 욕구로 변질시킨다. 부모들은 자신이 무의식적으로 이렇게 행동한다는 것도 모른다. 아이가 등을 돌리고 불평하고 튕겨 나와도 자각하지 못한다. 그저 아이가 철이 없고 말을 듣지 않는다고 생각한다.

부모가 될 준비를 마치고 부모가 되는 경우는 많지 않다. 아이가 영유아일 때 많은 부모는 아이를 키우느라 아무것도 할 수 없다고 불평한다. 그렇게 육아에 발이 묶인 일상에 익숙해질 즈음 아이는 제1 반항기를 맞이하면서 자기 의견을 표출하기 시작한다. 이때 부모는, 뭐든지 스스로 하려고 하지만 아직 어른의 도움이 필요한 아이에게 많은 생활 규칙을 가르친다.

아이가 유치원과 초등학교에 가면 아이의 세계에 부모뿐 아니라 친구와 선생님도 들어온다. 하지만 아이는 여전히 부모의 도움이 필요하고, 이때 부모는 '영향력 있는 존재'라는 달콤한 느낌을 즐기기도 한다. 이 시기에 아이는 부모의 습성과 판단을 보며 자신과 타인의 차이를 깨닫지만, 가족 내의 관계를 지키기 위해 어느 정도 협조하거나 환심을 사려고 노력한다. 부모는 이렇게 아이가 자신에게 의지하고 도움받는 일상에 점점 익숙해지지만 머지않아 무엇이든지 반항하고 튕겨 나가려는 사춘기와 마주하게 된다.

이 과정은 아이가 방문을 천천히 열고 나오려는 것과 같다. 이때 아이는 자신의 주장이 전부 옳지 않아도 부모를 상대로 이치를 들어 따지며 싸우려 하고, 동시에 부모가 자신을 설득해주기를 바란다. 물론 아이의 생각이 반드시 틀리지도 않을 것이다. 하지만 이 시기의 아이는 유난히 예민하고 욱하는 경

상처받은 아이는 외로운 어른이 된다

향이 있어서 부모와 이야기할 때 볼륨을 조절하지 못한다. 그러다 아이가 방문을 쾅 닫고 다시 숨어버리면 어른들은 여지없이 당황한다.

부모는 부모 나름대로 가슴이 뛰어 어찌할 바를 모른다. 책임과 의무를 다하려면 아이를 잘 도닥여야 할 터인데, 이 시기의 부모는 새로운 훈육 방법을 찾지 못하고 아이와 티격태격한다. 그러다 마침내 폭발해 아이의 방문을 부수고 들어가 부모의 직권을 도로 찾아오는 선택을 하곤 한다.

어릴 적부터 키워온
생존 전략

이렇게 밀고 당기는 가운데 아이의 20여 년이 지나가고 부모의 20여 년도 흘러가 부모와 아이는 새로운 적응 단계에 이른다. 어떤 아이들은 사춘기에 자기만의 방문을 단단하게 만들어두지 못한다. 이런 아이는 결혼해서 출산하는 단계가 되면 집 문을 어떻게 만들어야 할지 모르는 상황에 처한다.

"결혼하더니 사위가(며느리가) 쟤를 망쳐놨어." "결혼하더니 완전히 다른 사람이 됐어." 우리는 이런 말을 자주 하고 또 자주 듣는다. 실제로 결혼 시기에 순종적인 아이는 처음으로 자기만의 문을 세우기 시작하고, 대립적이고 공격적인 아이는 오히려 집으로 돌아가는 길을 만든다.

대인과정이론에 따르면 인간에게는 적응 능력이 있다. 우리는 어릴 적부터 나름의 생존 전략을 구축해왔다. 그중 하나가 순종하기와 환심 사기다. 이 전략을 쓰면 당사자는 총애와 사랑을 받을 수 있고 상대방은 우월감을 느낄 수 있으니 양쪽 모두가 원하는 방식으로 사랑을 보전할 수 있다. 또 다른 전략은 공격하기와 저항하기다. 공격과 저항을 통해 욕구를 더 강하게 표현함으로써 자신은 결코 부모가 생각하는 그런 사람이 아니라는 뜻을 전달하고 그 모습을 지킨다. 다음 전략은 회피하기다. 타인을 멀리하는 동시에 자기 자신에게도 거리를 두는 방식으로 상대방을 알쏭달쏭하게 하면서 생기는 거리감을 양측의 완충지대로 쓴다.

이런 생존 전략은 모두 우리가 어린 시절 가족의 사랑을 지키는 동시에 성장에 따른 고통과 불안을 처리하기 위해 노력하는 가운데 탄생했다. 우리는 같은 상호작용을 반복하는 방식으로 상대방에게 예측의 여지를 준다. 따라서 내가 변하면 상대는 낯설어한다. "다 너 잘되라고 이러는 거 정말 모르겠니?"라는 부모의 볼멘소리는 사실 "너 왜 변했니?" "변한 네가 낯설어"라고 문제를 제기하고 호소하는 것이다. 우리는 부모가 생존 전략을 바꾸는 것을 인내심을 가지고 바라보면서 '늦된 어른'을 감당해야 한다. 부모와 자식 간에도 적응기가 필요하기 때문이다.

당신도 자녀로서, 부모로서 전환기를 거쳤나요? 당신의 제1 반항기는 언제 발현됐나요? 그때 부모님은 어떻게 대처하셨나요? 환심을 사려 노력했던 시기는 언제였나요? 당신과 이런 단계를 함께 겪은 주 양육자는 누구였나요? 당신은 자신의 변화를 어떻게 가족에게 알렸나요? 가족 관계에 전환이 일어났을 때 어땠나요? 바꾸고 싶은 경직된 상호작용 패턴이 있다면 무엇인가요? 도저히 이해할 수 없는 경직된 상호작용 패턴은 어떤 것인가요?

가정의 형태는 매우 역동적으로 변화합니다. 만약 리포터가 되어 지금 당신의 가정을 바라본다면 어떻게 묘사하겠습니까? 지금 단계의 가족과 자신을 어떻게 이해하면 좋을까요?

일생을 20년 단위로 묶어보고 각 단계마다 가정에서 일어난 가장 대표적인 장면을 적어보세요.

0~20년

20~40년

40~60년

새로 발견한 사실은 무엇인가요? 당신의 가정은 어떻게 변화했나요? 가치나 관념에 변화가 있었나요? 이런 변화가 당신에게 끼친 영향은 무엇인가요? 무능하거나 부족한 가정이었다고 해서 과거 스스로에게 상처를 입혔던 방식으로 또다시 자신에게 상처를 주지 마세요!

상처받은 아이는 외로운 어른이 된다

지는 것을 끔찍이 싫어하다

엘리트 가족에 치여 살았습니다

그는 남부러울 것 없는 유명 외국계 기업 임원이다. 학창시절부터 취업, 결혼, 자녀 양육까지 모든 과정이 순조로웠고 무너질 만한 일은 한 번도 겪지 않았다. 회사는 그가 해외 파견을 나가서도 가정을 돌볼 수 있도록 자동차와 집을 제공했다. 사장은 EMBA 과정 시절 동창이었고 교환학생 시절에도 동고동락한 사이였다. 아무도 그를 대신해서 회사 경영진의 신임을 차지할 수 없었다. 아내는 그를 존경하고 의지했고 아이도 그를 무척 따르며 그의 말을 법으로 여겼다. 그런데 뜻밖에도 그는 명절 공포증이 있어서 명절에 본가에 가기를 꺼렸다. 본가에 가면 자꾸만 자신이 보잘것없이 느껴졌기 때문이다.

저명한 면역학 전문가인 아버지는 그가 어릴 때부터 가족의 건강을 두고 독창적인 견해를 펼치곤 하셨다. 작은할아버지는 불당에서 점을 쳤는데 용하다고 소문이 나서 추종자가 많았다. 큰아버지는 현업에서 은퇴했지만 여전히 자신감이 넘치는 박사였고 고모는 한의학을 공부했다. 가족 구성원 모두 자기만의 특기가 있었고 그에 대한 자부심이 있었지만, 한자리에 모이면 서로 비교하며 공격을 퍼부었고 각자 자기가 최고라고 했다.

그에게는 가족 구성원 모두가 강자였다. 어렸을 때는 처마 밑에 의자를 가져다 놓고 앉아서 어른들이 하는 재미있는 이야기를 듣곤 했다. 어른들은 서로 마이크를 빼앗듯 앞다퉈 자기 이야기를 했다. 그런데 작은할아버지가 계실 때는 큰아버지가 나타나지 않았고, 큰아버지가 계실 때는 고모가 나타나지 않았다. 어른들은 번갈아 가며 자신의 전문성과 견해를 자랑했고, 그 이야기들은 그가 성실하게 공부하는 데 가장 큰 동력이 되었다. 그도 집안 어른들처럼 자긍심을 갖고 한 분야에서 최고가 되고 싶었다. 하지만 어른이 되어 시야와 생활 반경이 넓어진 뒤에는 가족들끼리 좀처럼 어울리지 못하는 분위기가 언제든 충돌할 수 있는 일촉즉발의 상황임을 깨달았다.

해외에서 마케팅 전문가 자격을 취득하고 돌아와 집안 어른들과 기쁨을 나누려 했을 때는 오히려 무력과 좌절을 경험했다. 어른들은 여전히 마이크를 빼앗듯 앞다퉈 그의 전공을 깎아내렸고 동시에 자기가 얼마나 대단한지 뽐냈다. 그도 처음에는 자신의 능력이 아직 부족하다고 생각했지만, 시간이 흐를수

상처받은 아이는 외로운 어른이 된다

록 어른들이 채찍질이나 격려가 아니라 '너는 나보다 못하니 나를 존경해야 마땅해'라는 생각을 주입하고 있음을 알게 되었다. 그로 인한 무력감과 스트레스가 그와 어른들의 관계를 잠식해버렸다. 자신의 눈부신 성과가 어른들에게 스트레스와 비교하는 마음을 심어주는 것 같았다. 어른들은 매번 더 큰 권위를 내세워 그를 억압했고 심지어 서로를 향한 인신공격까지 서슴지 않았다.

"인생이 그렇게 만만한 게 아니다. 내 말 안 들으면 결과가 참담할 거야."

"우리 집안 식구들은 다들 자기가 최고인 줄 알지. 내 말 안 들으면 나중에 후회하게 될 텐데."

"네 작은할아버지를 봐라. 밖에서 배운 것도 없고 기술도 없어서 사람들 등골 파먹고 살잖아. 우리처럼 과학적인 근거를 토대로 일하는 사람이 아니야."

"네 큰아버지가 돈을 잘 버는 것처럼 보이겠지만, 그런 투기꾼 마인드는 배울 가치도 없다."

"네 아버지를 보렴. 면역학 전문가라면서 툭하면 골골대잖니. 그런 거 배워도 하나도 소용없어! 결국 인생은 사주팔자대로 가는 거다!"

"네 고모는 한의학 따위를 배운다고 만날 허무맹랑한 것만 붙잡고 있잖니."

예전에 그는 설맞이 가족 모임이 어째서 번번이 상호 규탄

대회로 바뀌고 마는지 그 본질을 보지 못했다. 그러다 나이가 들자 차츰 불구경하는 방관자에서 비판당하는 위치가 됐다. 이 제 그는 어른들이 통제권을 획득하려고 서로를 비방하고 앞다 퉈 자신에게 인정을 구하는 꼴을 더는 봐줄 수가 없었다.

그런데 어느 순간 그는 직원과 동료, 가족에게 횡포를 부리 는 자신을 발견했다. 자신의 입에서 "내 말대로 하지 않으면 망 한다니까!"라는 말이 나오는 순간 흠칫 놀랐다. 안하무인격 태 도가 가족과 똑 닮았기 때문이었다.

그는 사실 상대방이 자신을 존경하지 않거나, 자신의 판단이 나 통솔을 외면할까 봐 두려웠다. 누군가 자신의 리더십에 의 혹을 제기하거나 실수를 발견할 때면 이런 공포에 매몰되었다.

그는 자신에게 어느 정도 자신감이 있었고 자신의 판단이 맞다고 믿었기 때문에 자신에게 반기를 드는 사람은 완곡하게 비판했다. 이런 무의식적 허영심과 교만이 그를 완전히 집어삼 키자 주변 사람들은 스트레스와 무력감을 느꼈다. 이제 주변에 는 그에게 기대려고만 하는 무른 사람들로 넘쳐났고, 그는 업 무를 수행할 때 더욱 몸과 마음이 지칠 수밖에 없었다.

상처받은 아이는 외로운 어른이 된다

우상숭배의
재발견

———

살다 보면 스스로 전지전능하다고 믿는 강하고 힘 있는 인물을 종종 만난다. 그들은 당신의 가까운 친구일 수도 있고 인생의 여정에서 잠시 스치는 과객일 수도 있다. 그들은 우리 앞에 나타나 삶에 개입하고 적극적으로 의견을 펼쳐 인생의 판단과 결정에 도움을 주려 한다. 그들은 이런 말을 자주 한다. "내 말대로 하면 틀릴 리가 없어." "나만 따라오면 돼." "내 말에 토 달지 마." "내 말을 안 들으니까 그렇지!" "너 혼자서는 못한다니까?" "너는 나 없으면 안 돼!" "너는 나한테 안 돼." "잘 봐. 나처럼 해야지." "나만큼 하는 사람 봤어? 그러니까 내 말 들어!"

삶의 초반부에 이런 인물을 만나면 우리는 안도감을 느끼며 그를 존경할 것이다. 그러나 이미 성인이라면 이런 부류의 사람은 가려서 어울려야 할 것이다.

어떤 사람들의 자신감이나 자존감은 우월감 위에 세워지고 남의 인정에 좌우된다. 만약 당신이 이런 사람과 관계를 맺는다면, 그는 당신에게 숭배와 인정을 강요할 것이다. 하지만 당신이 의견을 제시하면 그는 당신을 미숙한 어린아이, 사고할 줄 모르고 주제 파악 못하는 사람으로 취급할 것이다.

가장 절망적인 대목은 그가 당신을 영원히 이해하지 못할 뿐 아니라 당신의 성장과 능력을 인정하지 않으며 당신의 말에는 관심도 없고 일리 있다고 생각하지도 않는다는 점이다. 오히려 당신이 옳은 말을 했을 때 당신을 헐뜯을 것이다.

이때 당신과 그 사람 사이에 상호작용은 없고, 물어보는 자와 알려주는 자의 관계만 남는다. 이런 관계에서 그가 당신에게 호의적이라면 그 이유는 당신이 그를 인정해주었기 때문이다. 그가 당신을 비방한다면 그것은 당신이 주관을 가졌기 때문이다. 이런 상대가 유난히 힘든 이유는 자꾸만 당신의 능력을 깎아내려 당신이 못난 사람이고 한 수 아래라고 느끼게 하기 때문이다.

이들은 자기 말을 듣지 않으면 삶이 저주받거나 계획이 미뤄지거나 통제 불능이 될 것이라고 주입한다. 이들은 종종 의존적이고 사고와 판단을 게을리하고 인생이 막막해 어쩔 도리가 없다고 생각하거나 방황하는 자아를 가진 사람들을 끌어당긴다.

사람을 사랑하는
다양한 모습

———

사랑하기 위한 첫걸음은 다가가기다. 물론 다가가는 방법은 다양하다. 잘 보이려고 애쓰기도 하고 친밀하게 대하거나 때로는 비아냥거리기도 한다. 지켜주려 하거나 헐뜯거나 약한 모습

상처받은 아이는 외로운 어른이 된다

을 보이거나 애교를 부리거나 강인함을 드러내기도 한다. 누군가를 사랑하거나 친밀한 사이가 되고 싶을 때 우리는 다양한 표현 방식을 사용한다.

한편 한 가지 소통 방식에 집착하는 것은 위험하다. 이런 사람들은 주로 상대방을 집어삼키는 방식으로 만족감을 느낀다. '(내 말을 잘 들으니까) 널 사랑해' '(내게 친절하니까) 널 사랑해' '(언제나 나를 중심으로 생각하니까) 널 사랑해' 같은 심리인 것이다.

이들은 상대방이 자아를 갖는 것을 원치 않는다. 매사가 자신을 중심으로 돌아가는 사랑을 원할 뿐이다. 이렇게 대등하지 않은 관계를 추구하는 것 자체로 그들의 삶이 얼마나 공허한지 알 수 있다.

상대방이 연약하거나 무능하거나 열등해야만 자신이 유능하다고 느끼는 사람은 마음속에 '강자만이 사랑받을 자격이 있다'라는 신념을 품고 있을 것이다. 이런 사랑법은 두려움에 기반한다. 충분히 강하지 않으면 내쳐질 것이고 능력이 없으면 언제든 버려질 수 있다고 생각하기 때문이다. 이런 사람은 무능해질까 봐, 상황을 제어하지 못하고 경쟁할 능력을 잃을까 봐 경계한다. 그래서 상대가 자기 생각을 말하거나 자기답게 행동하는 걸 용납하지 않는다. 자신과 상대가 같이 성장해버리면 관계는 더 이상 단단해지지 않고 자신도 강자로 남을 수 없기 때문이다.

그래서 능력 있고 열등감이 없으며 반론할 줄 아는 사람을 보면 이유 없는 압박감을 느낀다. 비교당할까 봐, 무시당할까 봐 두려운 것이다. 이들은 상대방을 짓밟는 방법으로 능력을 과시하고, 자신은 뭐든지 알고 있는 양 심오한 질문을 던져 상대방을 시험한다. 상대방이 스스로 부족하고 무능하며 무가치하다고 느끼게 하는 동시에 자신은 유능한 사람임을 드러내는 것이다.

상처받은 아이는 외로운 어른이 된다

가까운 누군가가 당신보다 늘 우위에 서려고만 한다면 문제가 무엇인지 파악하는 것도 중요하지만 당신이 어떤 방식으로 이 문제에 관여하고 있는지, 대인 관계 속에서 상대방의 자기중심적인 성향과 우월감을 얼마나 용납할 수 있는지, 또 당신이 어떤 식으로 자신을 낮춰서 능력자에게 영합하거나 의존하는지를 적극적으로 탐구해야 합니다.

우리는 살면서 능력이 뛰어나면서도 우리를 강하게 이끄는 힘을 가진 사람들을 반드시 만나게 됩니다. 그들에게 의지하는 것이 꼭 잘못된 것은 아닙니다. 모든 문제는 지나칠 때 생깁니다. 만약 상대방이 자기 인생의 빈 부분을 채우기 위해 당신에게 무언가를 강요한다면, 반드시 다음의 질문들을 생각해보세요.

1. 이 관계에서 당신의 역할은 무엇입니까?

2. 이 관계가 어떻게 고민으로 자리 잡게 되었나요?

3. 그 사람의 말에 따르지 않았을 때, 당신이 느낀 두려움과 불안은 무엇입니까?

4. 그 사람의 협박이 정말 실현될 수도 있다고 생각하나요? 만약 실현된다면 당신은 얼마나 감당할 수 있나요? 또 얼마나 감당할 수

없나요?

5. 이 문제에서 당신이 책임져야 할 부분은 어디까지인가요?

성숙함의 기준은 살면서 펼쳐지는 예상치 못한 일을 얼마나 책임질 수 있는가에 있습니다. 경직된 방식으로 갈등을 초월하려고 하면 더 많은 불안이 유발되고 불안할수록 경직된 행동이 나옵니다.

어떤 사람은 자기를 혐오하면서 '이러면 안 돼'라고 생각하고, 또 어떤 사람은 '그쪽이 먼저 시작하지 않았다면 나도 이렇게까지 하지 않았을 거야'라고 생각하고, 또 어떤 사람은 '봐, 또 시작이네. 저 사람 때문에 내가 이렇게 변했어'라고 생각할 것입니다.

우리는 어쩌다가 이 관계에 관여하게 되었는지, 어쩌다가 이 문제가 나에게까지 뻗쳤는지 수시로 점검해야 합니다. 다른 사람이 당신을 대하는 방식에는 당신의 몫도 있기 때문입니다. 호기심 어린 두 눈으로 다양한 이야기를 발견해내세요!

상처받은 아이는 외로운 어른이 된다

나다움을 지워버리다

내 모든 것을 부정적으로 평가했습니다

회사에서 그는 우아하고 겸손한 관리자이자 많은 사람들이 동경하는 백마 탄 왕자님이다. 이런 남자는 보통 솔로로 남아 있을 틈이 없지만, 그는 사내 여성들과 절대로 사적인 친분을 맺지 않았다. 많은 사람이 그의 연애사에 도대체 무슨 일이 있었는지 궁금해했다. 공식적인 자리에서는 자신감 있고 품위 있는 모습이었지만 사석에서는 자주 움츠러들고 극도로 자기 자신을 감췄다.

여기저기서 억압받으며 성장한 그는 남들이 하는 말을 전부 흡수하며 자랐다. 식구 중 유일한 남자라는 이유로 어려서부터 기대와 함께 엄격한 요구를 받곤 했다. "남자라면 당연히 힘이 세야지!" "남자가 왜 이렇게 까다롭게 굴어!" "허우대만 멀쩡해서 쓸모가 없잖아!" 식구들은 자주 이렇게 말했다.

그는 무능한 모습을 보여서는 안 됐다. 모르는 문제가 생겨 질문을 하려고 하면 바로 저지당하며 "바보 같은 질문 좀 그만 해. 좀 똑똑하게 굴 수 없니?" "뭘 자꾸 물어? 하라는 대로 하면 되지!"와 같은 말을 들었다.

뒤처져서도 안 됐다. 시험 성적이 좋지 않으면 "이런 성적을 받아 오다니 망신살이 뻗쳤다!" "무슨 낯으로 집에 왔니?" "아이고, 학비 낸 보람도 없네!"라는 핀잔을 듣기 일쑤였다.

약한 모습도 금기였다. 여러 감정이 교차해 괴로울 때마다 으레 이런 말을 들었다. "누가 죽기라도 했냐? 울긴 왜 울어?" "사내대장부는 함부로 눈물을 흘리면 안 된다!"

이러한 금지령에 익숙해지는 동안 그는 중압감에 괴로웠다. 감히 약한 소리를 내지 못했고, 무언가를 요구하거나 반항할 엄두를 내지 못했으며 늘 군소리 없이 모두의 바람을 곧 자신의 바람으로 받아들였다.

이런 꼭두각시 생활로 자기 자신을 느끼는 감각을 잃었다. 밖에서는 능력 있고 겸손하며 예의와 품위를 갖춘 사람이었지만, 감정의 세계에서는 언제나 좌절했다. 〈센과 치히로의 행방불명〉에 등장하는 가오나시처럼 오로지 상대방이 좋아하는 것, 상대방이 원하는 것만 생각했고, 상대방이 혹시 자기를 귀찮게 여기지 않는지 살폈다. 언제나 상대방에게 초점을 맞추다 보니 자신을 완전히 잃게 되었다. 상대방을 기분 좋게 해주고 싶으면서도, 언젠가는 상대방도 자신에게 친절하게 대해주기를 바랐다. 하지만 안타깝게도 그와의 관계가 편해진 상대방은 그를 이미 원하는 만큼 내어주는 현금인출기 같은 사람으로 생각하고 있었다.

그는 연애를 시작할 때의 겸손하고 예의 바른 모습, 자기를 낮추는 태도, 상대방을 만족시키지 못할까 두려워하며 남의 장단에 맞추는 열등한 심리 상태에서 벗어나고 싶었다. 하지만 오히려 상대방이 자신을 착취하게 끌어들였고, 처음에는 아무것도 바라지 않던 여성도 그에게 길들여지면 한없이 바라기만 하는 욕심쟁이가 되었다.

그는 종종 상대방을 나쁘게 길들여 가장 탐욕스러운 면을 끌어냈다. 그도 무엇이 어디서부터 잘못된 건지 몰랐다. 다만 상대방이 "네 여자친구라서 너무 좋아!" "너 정말 대단하다!" "내가 뭘 원하는지 어떻게 그렇게 다 알아?" "너처럼 좋은 남자는 처음이야!" 같은 달콤한 말을 쏟아부으면 그때부터 물불 가리지 않고 상대방의 요구를 만족시키려 했다. 상대가 아무리 무리한 요구를 해도 오히려 충분히 잘해주지 못했다고 자책했다. 물론 때로는 피곤하고 짜증 나고 하기 싫기도 했지만 그렇다고 속마음을 말할 엄두를 내지 못했다. 연애를 통해 외로움을 해소하고 싶었는데 어쩐 일인지 점점 고독해져만 갔다.

저항할 수 없는 건
삶의 결핍 때문이다

————

사실 이 모든 것은 그가 끌어당겼다. 그는 권위를 지독히 미워하면서도 권위를 필요로 했다. 더 깊숙이 잠재된 내면에서는 그 권위가 그에게 영원히 베풀라고 부드럽게 요구하면 정말 영원히 주기만 하다가 죽어도 여한이 없다고 느꼈다. 마구잡이로 요구받는 것이 너무 싫으면서도 교태 섞인 힐난과 치켜세워주는 목소리가 필요했다. 그래서 상대방을 훈련시켜 자신에게 완전히 의지하게 만들었고 나아가 탐욕스러운 사람이 되게 했다.

완벽한 가면 뒤의 그의 모습은 사실 비굴했다. 그는 자라면서 완벽주의, 자학, 아부, 열등감, 왜곡된 사회화 같은 것에 익숙해졌고 어떻게 해야 가장 원만하게 사랑받고 소중한 대접을 받는지 알게 되었다.

이렇게 순종적이고 환심을 사려는 행동을 보호색 아래 감춰두고 상대방의 요구에 따라 카멜레온처럼 색을 바꿨다. 그는 약한 모습을 잘 보이면서도 자기애가 극도로 강한 사람을 끌어들여 자신을 착취하게 하고는 마구잡이식 요구 뒤에 숨어 있기를 즐겼다.

이런 유형의 사람은 남에게 잘 보이는 데 무척 능하면서도 굉장히 외로워한다. 무언가를 요구할 때 죄책감을 느끼기도 하고 '저 사람이 나에게 잘해줄 이유가 없다'라며 자기를 혐오하기도 한다. 무언가를 요구하고 싶을 때는 오히려 상대방의 요구를 최대한 반드시 들어준다. 친절한 대접을 바랄 때도 최대한 상대방의 처지에서 생각한다. 이렇게 자기를 생각하는 순간 남을 생각하는 사람은 습관적으로 자기 내면에 반하는 사고를 한다. 나의 고통에 집중하면 불편하기 때문에 차라리 타인의 고통을 해결하고자 하고 그로써 자신을 필요로 하는 사람들을 잔뜩 끌어당기는 것이다. 탐욕스러운 사람들을 끌어모아 끊임없이 자신을 바닥까지 털어가게 만든다.

이런 자기비하적인 '가오나시형 남자'는 나르시시즘에 사로잡힌 탐욕스러운 여성이 자신을 학대하게 놔둔다. 그러면서도 상대가 원하는 것을 채워주기에 급급해서 떠나지 못하고 끝없이 베푼다. '이렇게 하지 않으면 버림받을 거야' '이렇게 하지 않으면 매력적인 그녀가 다른 사람과 바람을 피울지도 몰라' '그녀의 표정이 어두워지고 있어. 어떻게 하면 기쁘게 해줄 수 있을까?' 이러한 불안감이 마음속에 팽배해서 자기 자신에게 차분히 질문을 던져볼 틈도 없이 상대방의 불만을 부랴부랴 해소하기 바쁘다. 이 조급한 감정은 불안과 매우 큰 관련이 있다.

이들은 상대방의 요구를 해결할 때 쓸모 있는 사람이 된다고 생각하기 때문에 건전한 개체와 교제하지 않는다. 상대방이 끊임없이 요구하지 않으면 자신도 쓸모없게 되고 부족한 사람이라는 걸 들킬까 봐 더 많이 노력해야 하기 때문이다. 무서운 속도로 올라오는 자괴감을 억제하기 위해 자신을 더욱 옥죄고 다른 사람에게 순종하지만, 그러다 스스로 지치면 자기를 멸시하고 쓸모없다고 생각한다.

이런 자가당착은 독재적인 가족 경험에서 나온다. 미국 캘리포니아대학교 버클리캠퍼스의 발달심리학 교수인 다이애나 바움린드Diana Baumrind는 부모의 양육 태도에 관한 이론을 창안해 당대 최고의 임상심리학자이자 발달심리학자로 명성을 얻었다. 바움린드 교수는 1960~70년대에 부모 자녀 사이의 상호작용을 연구해 양육 태도와 개인의 성격 발달 간의 상관관계 이론을 도출하고 부모의 양육 태도를 네 가지 유형으로 분류했다. 그중 하나가 높은 수준의 통제를 가하지만 낮은 수준의 애정을 보이는 '독재자형 양육 태도'다. 이런 유형의 부모는 능력 있고 책임감 있는 부모 역할을 부각하는 반면 정서적 지지에는 인색하다. 아이가 정서적인 응답을 원하면 무능하거나 부족하다고 간주하고 찬물을 끼얹기 일쑤다.

이런 상호작용이 고착되면 아이는 부모가 자신을 대했던 방식 그대로 내면의 자신을 대하게 된다. 습관적으로 자신의 취약함을 숨기고 스스로 그 취약함을 처리해 부모에게 부끄러운 모습을 들키지 않으려고 한다. 바라는 것이 생기면 '비웃음을 당할 게 뻔해' '나는 왜 이렇게 나약하지?' '부모님은 쳐다보지도 않으실 거야' '과연 이게 바랄 만한 일일까?'라고 생각하면서 더욱 강렬한 신념을 형성하고 자기 욕구를 뒤집어버린다. 그러면서도 마음속 작은 무대에서 인정받지 못할 것 같다는 두

상처받은 아이는 외로운 어른이 된다

려움과 싸우며 자신에게 선을 긋는다.

사람의 내면에는 종종 빛과 어둠이 공존한다. 어느 한 면을 받아들이지 못하면 결국은 절반밖에 살아내지 못한다. 아이들이 자신의 약한 부분과 욕구를 감추고, 온화하고 친절하며 순종적이고 도량 넓은 모습만을 보인다면 언젠가는 감춰진 내면에 역습을 당할 것이다. 에리히 프롬Erich Fromm 은 저서《사랑의 기술 The Art of Loving》에서 "미성숙한 사랑은 '당신이 필요해서 당신을 사랑합니다'라고 말하고 성숙한 사랑은 '당신을 사랑해서 당신이 필요합니다'라고 말한다"라고 했다. 자신을 알아야만 나 그리고 타인과 진정한 상호작용을 펼칠 수 있다. 성숙한 사랑은 자신을 쥐어짜서 이루는 것이 아니다. 우선 나를 쥐어짜기만 하는 사람으로부터 멀어져라. 그래야 불안을 배제하고 내가 어떤 사람인지 제대로 알 수 있는 마음의 공간을 확보할 수 있다.

자신감이 없고 남의 욕구만 보이는 사람은 대부분 직장에서 훌륭한 성과를 내고 모두에게 존경받습니다. 하지만 내면에서는 인정받지 못할까 봐 두려워하고 노여워합니다. 부모님의 양육 태도는 우리가 바꿀 수 없습니다. 하지만 우리 마음속 코치는 바꿀 수 있지요. 아래의 '괜찮아 훈련'을 시작해봅시다. 당신이 다른 사람 앞에서 절대로 보이고 싶지 않은 모습을 행동, 생각, 느낌으로 구분해 적어봅시다.

행동

발가락 틈새 후비기
콧구멍 후비기
큰 소리로 웃기

_____

_____

_____

_____

_____

_____

상처받은 아이는 외로운 어른이 된다

생각	느낌
화가 났다.	억울하다.
나는 무능하다.	나는 쓸모없다.
나는 어리석다.	질투가 난다.
_____	나는 하찮다.
_____	_____
_____	_____
_____	_____
_____	_____

이제 방의 불을 모두 끄고 아주 작은 등불 하나만 켜두세요. 희미한 불빛과 당신만 이 공간에 남겨둡니다. 그리고 써놓은 말들을 천천히 또박또박 자신에게 말해보세요.

"나는 사람들 앞에서 발가락 틈새를 후빌 수 있어. 그래도 괜찮아. 그런 나를 받아들일 수 있어."
"나는 화를 낼 수 있어. 그래도 괜찮아. 그런 나를 받아들일 수 있어."
"나는 억울할 수 있어. 그래도 괜찮아. 그런 나를 받아들일 수 있어."
"나는 _____ 할 수 있어. 그래도 괜찮아. 그런 나를 받아들일 수 있어."

"나는 _____ 할 수 있어. 그래도 괜찮아. 그런 나를
받아들일 수 있어."

기억이 당신을 금기로 가득 찬 시공간으로 데려가도록 내버려
둡니다. 이때 자신에게 "그래도 괜찮아"라고 나지막이 속삭여주
세요. 바로 지금, 그 많은 금기가 당신을 자유롭게 해줄 거예요.

상처받은 아이는 외로운 어른이 된다

2장 :

외로운 어른은
어린 시절 어떤 상처를
받았는가

나이가 들어도 나란 존재는 없다

엄마는 나를 존중해준 적이 없습니다

"나이도 먹을 만큼 먹었는데 왜 시집갈 생각을 안 하니? 만날 일만 하면 뭐해?"

"엄마는 내가 아무 남자나 만나서 시집가길 바라요? 남편감은 신중하게 골라야지."

"지난번에 그 벤처기업 사장 괜찮더구먼. 아니, 넌 왜 그런 사람을 붙잡아두지 않고 인제 와서 헛소리니?"

"그 남자 유부남이야! 말이 되는 소리를 해."

"그 은행장 아들도 싫댔지."

"그 사람은 친구 관계가 복잡해서 별로야."

"아유, 난 그런 거 모르겠고, 아무튼 변변한 남자를 찾아서 시집가야 할 것 아니냐? 사람이 나이를 먹으면 결혼도 하고 자식도 낳는 게 순리지. 요새 네가 한 게 뭐가 있니?"

그녀는 뭐라고 대꾸하고 싶었지만 입술을 꾹 깨물고 말을 삼켰다. 두 눈에 눈물이 맺힐 정도로 억울했지만 말문은 턱 막혔다. 직장에서 능력 있고 존재감이 큰 그녀가 엄마 앞에만 서면 좋은 성적표를 내놓아야만 했던 작은 소녀로 되돌아갔다.

어린 시절 그녀는 학업 성적이 뛰어났다. 지망했던 가장 좋은 대학교에 입학한 뒤 독일로 유학을 떠나 정치경제를 전공했고 귀국 후에는 상장회사에서 벤처투자 업무를 담당하는 중역이 되었다. 사람들은 젊고 실력 있고 외국어까지 유창하게 구사하는 그녀를 부러워했다. 능력 있고 똑똑한 그녀에게 과중한 업무쯤은 장애물도 아니었다. 마음만 먹으면 해내지 못할 일이 없었다. 그런 그녀가 뜻밖에도 패배감을 느끼고 우울증에 빠지게 되었다.

"네가 노력하지 않으니까 운이 따라주지 않은 거다!" "엄마한테 공부하기 힘들다고 투정 부릴 생각 마. 공부가 뭐가 힘드니?" 학업이나 친구 관계에서 힘든 점을 털어놓을 때마다 엄마는 이런 말들을 툭툭 던졌다. 그럴 때마다 그녀는 어쩔 줄 몰라 하며 입을 다물었다.

엄마의 요구가 끝도 없이 늘어나기만 할 것을 그녀도 알고 있었다. 엄마의 기대가 그녀를 짓눌러 이미 숨쉴 수 없을 지경이었지만 하소연해봤자 더 많은 억압과 요구에 시달릴 것이 분명했다.

상처받은 아이는 외로운 어른이 된다

"네가 얼마나 힘든지 토로할 생각 말고, 어떻게 하면 더 좋은 성적을 받을지 고민해라."

"잘못했다고 실패했다고 하소연하지 마. 난 그저 딸을 낳았을 뿐인데 왜 너의 불평을 들어야 하지?"

"스트레스? 엄마는 그런 거 없는 줄 아니? 네가 뭘 했다고 스트레스를 받아?"

일은 노련해도
사교성은 제로인 그녀

겉보기에 뛰어난 그녀는 내면이 무척 고독하고 폐쇄적인 사람이었다. 원만한 대인 관계가 직장 생활에서 꼭 필요하다고 생각하지도 않았다. 그래서 꼭 필요한 사람에게는 자신을 낮추고 굽혔지만 중요하지 않은 사람은 헌신짝 버리듯 했다. 동료와 마음을 나눌 줄은 몰랐지만 수완이 뛰어났고 업계에서 충분히 인정받고 있었다. 그녀 사전에 남에게 좌지우지되거나 나약해 보이는 일이란 없었다.

이런 특징은 그녀를 외롭게 하기에 충분했다. 그녀가 획득한 완벽한 성적표나 어학 인증서도, 재무 관리에 관한 모든 자격증도 그녀의 외로움을 채워주기에는 역부족이었다. 그녀는 커리어 이외에 무엇을 근거로 사랑받을 수 있을지 알지 못했고 연애 관계에서도 끊임없이 까칠한 인생 코치나 권위적인 상사, 모욕을 주는 권력자만을 끌어들이고 있었다.

그녀도 연애할 때만큼은 사랑받고 소중히 대해지길 갈망했지만 그러려면 어떻게 해야 하는지 몰랐다. 어린 시절 엄마가 사랑과 권력으로 그녀를 옥죘기 때문이다.

평생 자기 자신으로
살지 못하는 슬픔

그녀는 어려서부터 주관과 목소리를 가질 수 없었다. 그녀 의견은 엄마의 의견이었고 싫은 게 있어도 복종해야 했다. 어린 시절 엄마와 그녀는 서로를 목숨처럼 의지했고 그녀는 엄마의 행복을 등에 업고 살았다. 무슨 옷을 입을지, 어떤 머리 모양을 할지, 어떤 친구를 사귈지까지 엄마 의견에 따랐다. 그녀는 엄마의 확장판이자 부속품이었다.

그래서 엄마가 누군가를 비난하면 그녀도 맞장구를 치며 그 사람을 미워했다. 엄마가 살찌는 것을 싫어한다는 이유로 허리를 꽉 조이는 옷을 입었다. 그녀가 이렇게 자신을 조각했던 이유는 오직 엄마의 마음에 들기 위해서였고 엄마가 방구석에 내버려둔 물건처럼 될까 봐 두려워서였다.

엄마와의 끈끈한 연결은 교우 관계까지 영향을 주었다. 그녀는 친구들 눈치를 보지 않았다. 좋은 성적 덕분에 학우들에게 필요한 관심을 어떻게든 얻을 수 있었지만 친밀한 관계에서는 번번이 고배를 마셨다.

'친구가 내 단점을 알게 되면 날 싫어할 거야.'

'좋은 커리어 없이는 헌신짝처럼 버려질 거야.'

'제대로 해내지 못하면 사랑받을 자격이 없어.'

이런 목소리들이 마음속에 맴돌아 누구에게도 마음을 열지 못했다. 연인과 헤어질 때면 자신이 아무 쓸모없는 사람이라고 느꼈고 차라리 먼저 모질게 굴어 아무 진전도 없는 관계를 해결하려고 했다.

심리학에서는 엄마와 아기의 애착 관계를 여러 관점으로 연구했다. 애리조나주립대학교 심리학과 부교수 마리솔 페레스 Marisol Perez는 2016년 《아동 청소년 임상심리학 저널 Journal of Clinical Child and Adolescent Psychology》에 〈외모 불만족이 5~7세 여아에게 끼치는 영향: 사회적 학습 실험을 중심으로〉라는 제목의 연구 결과를 게재했다. 연구진은 엄마와 딸을 거울 앞에 나란히 서게 한 뒤 엄마가 자기 몸을 평가하게 했다.

관찰 결과, 딸은 엄마가 몸을 평가하는 방법과 언어에 영향을 받았다. 그리고 자신의 신체를 평가할 때 엄마의 말투와 형용 방식 등을 모방했다.

페레스 교수는 또 다른 비공식 연구에서 외모에 자신감이 없는 고위직 여성 72명을 대상으로 외모 자신감이 직장 내 자신감에 끼치는 영향을 관찰했다. 이 연구에서는 참가자 중 절반이 다른 사람의 외모 평가를 의식하며 사교 모임이나 회사를 대표해 발표하는 자리 등에서 자유롭지 못하다고 느끼는 것으로 나타났다.

애착 관계에서 아이는 사랑과 안정감을 얻는다. 아이는 보호자가 자신을 대하는 방식에 근거하여 이 세상의 사람, 일, 사물을 인지하고 외부 세계를 그려나간다.

주 양육자의 말이 한 방울 한 방울씩 모여 아이의 자아를 구축하는 것이다.

아이가 노력했을 때 "정말 노력했구나" "책임을 다했구나" "최선을 다한 것을 알고 있어" 등의 피드백이 돌아오면 아이는 자신이 노력했음을 깨닫는다. 반대로 "쓸모없는 짓이야" "너 때문에 정말 창피해" "어떻게 너 같은 아이를 낳았지?" 등의 반응이 돌아온다면 아이는 수치심과 분노를 느끼고 무력감과 부끄러움에 시달리며 자신이 구제 불능이고 도움받을 자격도 없다고 생각할 것이다. 심지어 문제가 생겨도 가까운 사람에게 도움을 청하지 않고, 자신감 없고 움츠러든 성격으로 자라게 된다.

"당연히 잘해야지." "결혼하면 당연히 자식을 낳아야지!" "당연히 앞날을 계획해놔야지!" 이러한 '당연히' 문화는 아이들이 다른 사람의 시선을 의식하도록 쥐어짜고 억압해왔다. 충분히 뛰어난 사람들을 고독하게 살게 했고, 친밀한 관계에서 끊임없

상처받은 아이는 외로운 어른이 된다

이 자신을 착취하게 했다. 사례 속 여성도 적막한 밤이 오고 커리어의 후광을 내려놨을 때, 자신에 대한 혐오감과 수치스러운 감정만을 오롯이 마주했을 것이다.

다른 사람이 당신에게 당연히 무엇 해야 한다고 충고하면 어떤
생각이 드나요?

1. 저 사람 말대로 당연히 그렇게 사는 게 맞아.

2. 나도 노력했지만 안 되는걸.

3. 정해진 순서대로 잘 살아가는 사람이 정말 부러워.

4. 나와 맞지 않는 방식이야. 그래서 어쩌라고?

5. 나는 나만의 방식이 합리적이라고 생각해.

6. 기타 _____

당연히 할 수 있다고 증명을 거듭하기보다는 한발 물러서서
다음의 문제를 생각해보세요.

'당연히'의 근원은 무엇일까?

그 일이 나와 맞을까?

그렇게 살면 행복할까?

내 바람과 일치하나?

그 길은 다른 사람이 준 것인가 아니면 내가 진짜 원하는 바인가?

상처받은 아이는 외로운 어른이 된다

만약 당신의 길이 아니라고 생각한다면, 이제 행동으로 당신이 원하는 가치와 기대를 찾아보세요. 다른 사람의 충고대로 사는 게 편하다면 당신은 아마도 남들과 똑같은 인생을 살기 위해 자신을 착취하고 있을 것입니다. 인생에서 많은 가능성과 창의력을 발휘할 수 있다는 사실을 잊지 마세요. 어른이 된 당신은 융통성 있게 남들의 희망과 자신의 기대를 구별해낼 수 있습니다. 이 두 가지를 구별하면 다른 사람의 평가 때문에 부끄러워하거나 열등감을 느끼지 않을 것이고 다른 사람에게 실망을 주었다고 부끄러워하지도 않을 것입니다. 우리에게 필요한 연습은 누군가의 확장판으로 살지 않고 인생의 자주권을 되찾는 것입니다.

나의 길을 갈 때 활짝 웃을 수 있고 남의 길을 갈 때 떳떳해질 수 없습니다.

타인의 요구로 동기부여를 하다

―――――――――― ✦ ――――――――――

서로 지적하고 간섭하는 가정에서 자랐습니다

한여름의 태양이 이글거리는 6월의 어느 날, 그녀는 땡볕을 맞으며 오토바이를 타고 외근을 나갔다.

"아가씨, 많이 어려 보이네. 혹시 아가씨네 회사는 나랑 일하기 싫대?"

"사장님, 그게 무슨 말씀이신지……." 그녀는 불편한 미소를 지었다. 상대방의 떨떠름한 표정 때문인지, 실내외 온도 차 때문인지 다짜고짜 이런 질문을 받자 주니어를 벗어난 지 한참 된 그녀도 황망하고 심장이 쿵쾅거렸다.

"저기, 내가 아가씨보다 두 배는 더 살았거든? 예전에 신입사원 교육도 담당했어. 우리 회사 규모가 얼만데 그쪽같이 솜털 보송보송한 초짜를 보냈는지 이해가 안 가서 그래. 허겁지

상처받은 아이는 외로운 어른이 된다

겁 들어오는 모양하고는!" 그녀가 뭐라고 대답하기도 전에 상대방은 말을 이어갔다. "아무리 날이 더워도 프로답게 격식을 차려야지! 요즘 젊은 애들은 하나같이 왜 이 모양인지……. 쯧쯧!"

그녀는 올해 마흔 살이었다. 업무 경력도 10년이 넘었으니 '솜털 보송보송한 초짜'는 아니다. 하지만 차마 고객에게 말대꾸할 수 없어서 멀뚱멀뚱 서서 잔소리를 한참 들었다.

늙수그레한 이 남자는 정년퇴직할 나이도 넘어 보였다. 그는 젊은 실무자를 보자마자 고개를 절레절레 흔들더니 인사도 하지 않고 한껏 뻐기며 훈계를 늘어놓았다. 그러고는 또 기대에 찬 표정으로 얼굴을 쑥 내밀며 "이게 다 자네 잘되라고 하는 소리야" "우리 회사 신입사원도 다 내가 가르쳐" "나 때는 말이지……" "내 말 새겨들으면 피가 되고 살이 돼!" 등의 말을 늘어놨다. 그녀는 대답할 수도, 그렇다고 대답을 안 할 수도 없었다. 30분 넘는 훈화를 양전히 듣고 나서야 일 얘기를 시작할 수 있었다.

건물을 나와 아까 그 사무실의 출입구를 돌아보자 현기증이 밀려왔다.

요즘 왜 자꾸 이런 사람만 걸리는 걸까? 꼰대 아니면 까칠한 사람, 그것도 아니면 요청 사항이 넘치는 사람, 그것도 아니면 옛날얘기만 잔뜩 늘어놓고 건설적인 얘기는 하나도 하지 않는 사람들뿐이었다. '배려 부족이 현대인의 특징일까? 아니면 내가 운이 나쁜 것일까?' 한참을 생각했지만 결국 한 가지 생각으로 귀결됐다. '이렇게 횡포를 부리는 고객을 다룰 수 있는 사람은 나밖에 없나 봐.' 그녀는 명함 케이스를 가방에 넣으며 회사로 복귀할 준비를 했다.

일을 시작하고 내내 이런 고객만 만나고 있었다. 까다롭게 굴거나, 노골적으로 싫은 티를 내거나, 불만을 토로하는 고객들뿐이었다. 하지만 그녀는 언제나 진지한 태도로 자기 몫의 업무를 해냈다. 이 일을 시작하고 복장과 말투를 고쳤고 서적을 탐독하며 설득하는 대화법도 공부했다. 이제는 노련한 베테랑이 됐으니 까다로울 일도 줄어야 할 터인데 그렇지가 않았다. 그래서 자주 동료에게 불평했다. "왜 내가 만나는 고객은 다 우리 엄마 아빠처럼 나이를 내세우면서 끝없이 요구만 할까?" 비슷한 원망을 수없이 들어온 동료들은 동정의 눈빛을 보냈다. 어떤 동료는 "부모님이 그렇게 많아서 좋겠네!"라고 비꼬기도 했다.

비난을 견디면 발전할까?

―――――

어쩌면 동료의 말이 맞을지도 모른다. 사실 그녀가 불평하는 대상은 부모라기보다 그녀 내면에 남은 '심리적 부모'였다. 부모의 눈에 그녀는 영원히 자라지 않는 아이였고 그녀 역시 간

상처받은 아이는 외로운 어른이 된다

섭하고 단속하고 미워하는 상호작용에 상당히 익숙했다. 부모가 그녀를 미워해도 그저 인생에서 또 한 번 극복해야 할 과제가 생겼구나 하고 여유롭게 대처했다.

"넌 그 차림이 예쁘다고 생각하니?" "너한테 안 어울린다!" "이 정도면 충분할 줄 알았니? 이렇게 쉽게 만족할 줄 알았어?" "너 잘되라고 이러는 거야." "배움에는 끝이 없다." "고생을 보약이라고 생각해라." 이런 말들은 부정적으로 들리면서도 한편으로는 공기처럼 익숙했다.

이 가족의 상호작용은 이토록 복잡한 메시지로 가득했다. 오고 가는 가시 돋친 말과 혐오에는 명령이 들어 있었다. 서로 수류탄을 던지듯 비난의 말을 주고받았고 말 잘하는 사람이 집안에서 가장 높은 위치를 차지했다. 또 기 싸움을 하면서 각자의 바람을 쏟아냈고 그러면서 묵은 감정을 교류하기도 했다.

그녀는 서로 욕하면서 발전하는 것에 익숙했고, 제일 어린 사람에게 주어지는 특권도 즐겼다. 그래서 남들이 무언가 요구하면 원망스러우면서도 반가운 복잡한 마음이 들었다. 요구가 있어야 목표가 생기고 눈에 띌 기회도 생기기 때문이었다.

비난이 있어야 발전할 동력이 생겼기에 그녀는 비난을 싫어하는 동시에 즐겼다. 이런 의존 패턴이 교우 관계에서는 특별히 문제가 되지 않았다. 편한 사이에서는 기분이 나쁘거나 원망스러운 일이 있어도 애써 숨기지 않았고 기회가 되면 상대방이 알 수 있도록 귀띔하며 잘 해결했다.

하지만 일할 때는 고객 앞에서 무조건 허리를 숙이고 굽실거렸다. 한 번쯤 기개 있게 호기로운 모습을 보이고 싶다가도 애교 전략을 쓰던 어린 시절로 돌아가고 싶었다. 그녀는 솜씨 좋은 베테랑과 약한 어린애 사이를 배회하면서 도전하고 노력해야 할 목표를 찾아다녔다.

자신을 긍정해줄
타인이 필요하다

직장에서 운이 따라주지 않거나 타이밍이 좋지 않거나 주류 세력에 밀릴 때면 우리는 종종 그 탓을 외부로 돌리고 싶어 한다. 하지만 사실 어떤 대인 관계는 스스로 끌어들인 것이다.

대인과정 심리치료에서는 다양한 인간관계에서 똑같은 드라마를 끊임없이 재연되는 이유를 과거 누적된 가정에서의 경험, 상호작용, 애착 관계에서 찾는다.

그녀의 고객 중에는 사실 즐겁게 일하고 유용한 정보도 공유하는 고객도 있었지만, 그녀는 언제나 자신을 나무라거나 싫어하거나 가르치려고 드는 고객을 주목했다. 자신이 이런 사람들 앞에서 유난히 말문이 막히고 고분고분하게 행동하기 때문에 그들이 끝없이 요구하는 것이라는 점을 깨닫지 못했다. 나무라는 상대방 앞에서 더욱 작아져 더 많은 요구와 지시를 기다렸다. 이것이 그녀가 상호작용에 기대하는 가장 명확한 소확행이었다.

'비난이 있어야 발전한다'는 관념이 뿌리 깊이 박힌 그녀는 고객을 대할 때도 느닷없이 몇 마디 나무라는 말을 들어야 비로소 깊은 유대감을 느꼈다. '내가 모든 것을 완벽하게 해내면 인생에 목표가 없어져!' '아무도 나를 나무라지 않으면 발전할 원동력을 잃고 말 거야!' 이런 유형의 사람들은 완벽을 추구하지만 정작 추구하고 싶은 목표가 없어서 두려워한다. 그래서 타인을 필요로 한다. 다른 사람의 요구가 임무처럼 떨어질 때 자신이 상당히 중요한 사람이 되었다고 느끼는 것이다.

의존관계에서 우리는 상대방에게 영향력을 행사하길 바라고 자신이 중요한 존재이기를 바란다. 하지만 자신의 가치를 다른 사람의 요구에 맡겨버리는 패턴이 오래 반복되면 사례 속 직장인 여성처럼 끝없는 요구를 받고도 영원히 자신이 부족하다고 여기게 된다.

인생의 진짜 주인공은 나라는 사실을 우리는 잊어버렸는지도 모릅니다. 살면서 특정 시기에 비슷한 인물이나 사건과 계속 마주친다면, 자신에게 다음과 같은 질문을 던져보세요.

왜 늘 이런 사람을 만나는 걸까?

저 사람의 말이 옳은가? 틀렸다면 무엇이 틀렸을까?

그 사람의 견해에 대한 나의 진심은 무엇일까?

타인이 나에 대해 이렇게 말하는 것에 동의하는가?

그 사람이 나의 무엇을 건드렸을까?

예) 내게 일에 무관심하다고 지적하는 사람이 있다. 그의 지적은 정확한가? 그 사람이 내게 그런 말을 했을 때 나의 감정은 어째서 동요했을까?

잔소리하는 사람에 대해서 어떻게 생각하나?

예) 그 사람의 지적이 옳다, 내게 기대를 걸고 있다, 나를 발전시킨다, 나를 위하는 말이다, 나를 무시한다 등.

동의할 수 없어서 상대방에게 돌려주고 싶은 말이 있는가?

인생의 많은 신념이 우리를 발전시킵니다. 우리는 발전 속에서 자신이 변화하고 성장하는 모습을 바라보기도 합니다. 어린 시절에는 어른들이 지시해준 목표와 방향을 따라가며 나아갔습

상처받은 아이는 외로운 어른이 된다

니다. 이제 우리는 어른입니다. 삶의 목표는 타인이 아닌 자신을 통해서만 선별될 수 있고 자신만이 그 가치를 정의 내릴 수 있습니다. 변화는 일종의 자연현상입니다. 원한다면 언제든지 변화할 수 있습니다.

가시를 세워서 자신을 보호하다

---- ✳ ----

부모가 떠난 결핍을 채우지 못했습니다

오늘은 당직을 서는 날이라 아침 일찍 병원에 도착해야 했다. 아직 잠기운이 가시지 않았지만 퇴근하고 데이트하러 갈 생각에 벌써 가슴이 설렜다.

"야호! 오늘은 무슨 일이 있어도 정시에 퇴근하겠어. 산모들을 수술실로 싹 들여보내면 보너스도 받고 퇴근 시간도 늦어지지 않겠지? 아! 난 정말 똑똑해." 그녀는 이렇게 머리를 굴리며 액세서리를 골랐다. 귀걸이를 차고 보석 박힌 끈으로 머리칼을 묶은 후 집을 나설 준비를 했다.

"출근하는 애가 복장이 그게 뭐냐? 창피한 줄 알아야지 원……." 할아버지가 신문을 넘기며 고개를 절레절레 흔들었다. 그녀는 뒤를 돌아보며 가운뎃손가락 올려 보였다. 그러고는

상처받은 아이는 외로운 어른이 된다

할아버지가 보든지 말든지 뒤도 돌아보지 않고 오토바이에 올라타 시동을 걸고 슈웅 하는 소리와 함께 사라졌다. 무언의 항의였다.

그녀는 어릴 적부터 할머니 할아버지 밑에서 자랐다. 아버지가 감옥에 간 이후 엄마와는 소식이 끊겼다. 그녀는 부모를 사랑했으나 그 사랑은 갈 곳을 잃었고 그때부터 자신이 다른 사람과 매우 다르다는 생각을 자주 했다.

고지식하고 책임감이 강한 할아버지와 할머니는 아무도 사랑해주지 않는 손녀딸을 아무한테나 보낼 수는 없었다. 사랑해주는 이가 없으니 직접 사랑을 주셨고 아껴주는 사람이 없으니 직접 아껴주셨다. 이웃의 시선과 수군거림에 아랑곳하지 않고 언제나 손녀와 등하교를 함께하셨다. 그녀가 싫다고 반항해도 학부모 신분으로 학급 모임, 졸업식에 빠지지 않고 참석하셨고 손녀딸의 중요한 순간을 놓치지 않으려 하셨다.

그녀도 할아버지 할머니를 미워하는 것은 아니었지만 남들과 다른 가정환경 때문에 늘 과도한 관심을 받는 것이 창피했다. 선생님이 부모님에 관해 물어도 차가운 침묵으로 일관하며 대답을 거부하곤 했다. 과도한 관심은 질색이었다. 낯선 사람이 갑자기 자신의 세상에 참견하는 것이 싫었고 가정환경 때문에 주목받는 것이 싫었다. 사랑과 관심이 결핍된 그녀는 고슴도치처럼 가시가 잔뜩 달린 성격이 되었다. 누군가 다가오려고 하면 더 빈정거렸고 말 몇 마디로 상대가 질려서 물러서게 했다.

"나한테 실컷 뭐라고 하라지! 백배 천배로 돌려줄 수 있으니까."

이른 아침 분만실로 출근한 그녀는 출근 카드를 찍고 음악을 틀고 아침을 먹으며 산모 명단과 태동 모니터를 점검했다. "음, 오늘은 산모가 두 명뿐인데 둘 다 수술방에 있군!"

부모가 없는 그녀는 출산을 기다리며 불안해하는 산모들을 속으로 차갑게 조롱했다. '좋으면 실컷 낳으라지. 근데 키울 줄은 아니?' '얼마나 잘 키우나 두고 보자.' '애 하나 낳는데 이렇게까지 아프다고 난리라니.' '애를 낳는데 아픈 게 당연하잖아? 그러면서 제왕절개는 왜 거부하냐고? 너무 모순 아니야?' 마음 깊은 곳에서부터 산모들을 멸시했다. 그런데 기묘한 사실은 분만실 근무를 그녀가 자원했다는 점이다.

어쩌면 무의식적으로 엄마와의 연결고리를 찾으려는 행동이었을지도 몰랐다. 한때는 엄마가 자신을 왜 낳았는지 궁금했다. 혹시 자신을 그리워한 적이 있을까? 만약 그리워했다면 왜 한 번도 함께 있어 주지 않았을까? 하지만 이 모든 질문의 답을 알 방법이 없다.

어릴 적 그녀는 혹시 졸업식 날, 커다란 단상에 올라 상장을 받을 때 엄마를 볼 수 있지 않을까 기대했다. 간호사 국가고시를 치던 날 엄마가 어디선가 그녀를 숨어서 지켜보는 상상을 했다. 엄마와 영광을 나누고 싶었고 당신 딸이 이렇게 훌륭하게 자랐다고 알려주고 싶었다. 이제는 이런 답안을 낯선 산모

상처받은 아이는 외로운 어른이 된다

들에게 찾고 있었다. "왜 낳으려고 해요?" "출산할 때 아픈 건 당연해요!" "아이는 낳고 싶은데 아픈 건 싫고, 제왕절개도 싫다니 도대체 어쩌자는 거죠?" 그녀가 산모들에게 가장 자주 하는 말이었다. 하지만 생각해보면 이런 발언은 일종의 감정 발산이었다. 그녀는 산모에게 좌절감을 주고 싶었다. 이런 심리는 특별한 학생으로 분류되지 않으려고 선생님의 관심을 밀어냈던 때와 비슷했다. 그녀는 무척 독특한 냉혈한 기질을 가지고 있었다.

아이를 위해 자연분만을 택하는 산모를 마음 깊은 곳에서 배척하면서도, 엄마도 자신을 낳았을 때 자신을 위해 아파했길 바랐다. 그래야만 자신도 소중하게 보호와 돌봄을 받았다고 증명할 수 있기 때문이었다. 시간은 쏜살같이 흘러 엄마가 그녀를 떠난 지도 28년이 되었고 그녀도 어른이 되었다.

그녀는 냉혹한 어른이자 사랑을 갈망하는 여자로 성장했다. 곧 아기와 만날 날을 기대하는 산모의 심정을 이해할 수 없었고 산모의 초조와 불안을 공감하고 싶지도 않았다. 이 모든 것은 그녀가 인생에서 도통 해답을 얻을 수 없는 아픈 부분이었기 때문이다. 출산이 왜 불안해할 일인지 알지 못했기에 종종 산모들의 속을 뒤집어놓는 말을 하기도 했다. 사실 그녀는 자신의 초조함을 마주할 용기가 없었고 자신도 누군가의 간절한 기대 속에서 태어난 아이인지 확신할 수 없었다. 또 자신의 출생으로 엄마 아빠가 털끝만큼이라도 기뻐했는지 확인할 수 없었다.

할아버지와 할머니가 이에 대해 침묵했기 때문에 그녀에게 부모님은 영원한 수수께끼였고 마음속 깊은 곳에 자리 잡은 심연이었다. 그녀는 오직 분만실 일을 통해서만 이 수수께끼를 탐구할 수 있었다. "저 여자들은 우리 엄마랑 하나도 닮지 않았을 거야." "우리 엄마는 저 여자들처럼 나약하지 않았을 거고 무서워하지도 않았을 거야." 왜 그런 말을 하느냐고 사람들이 물으면 이렇게 대답했다. "약육강식이잖아요. 이렇게 잔혹한 사회에서 살아남으려면 강한 편이 낫지요!" 그녀는 눈을 동그랗게 뜨고 이런 무거운 얘기를 천진하게도 말했다.

의식과 무의식의 선택 속에서
자아는 구축된다

———

현재 성격과 특징에는 모두 유래가 있다. 어린 시절에는 선택의 여지가 극히 적기 때문에 어른들이 자신을 대하는 방법 속에서 생존의 길을 찾는다. 이런 상호작용에 따라 우리는 억울한, 이해받지 못하는, 화나는, 괴로운 또는 평온한, 즐거운, 안전함 같은 특정한 감정 상태에 유난히 잘 젖어 든다. 이렇게 자주 드는 감정은 타인과 상호작용하며 형성한 결과다. 어떤 사람은 사랑받지 못하는 기분을 피하려고 종종 화내는 모습, 강한 모습, 고집스러운 모습을 보인다. 그렇게 하지 않으면 외부

상처받은 아이는 외로운 어른이 된다

에 오는 불쾌한 기분을 방어할 수 없기 때문이다.

특정한 마음 상태를 자신의 일부로 받아들이는 것을 특질화라고 한다. 이렇게 의식적이고 무의식적인 선택들이 우리의 일부분을 형성한다. 사례 속 간호사는 불안에 맞서는 방법으로 공격, 조롱, 멸시를 택했다. 이런 대응 방식은 그녀가 어릴 때부터 키워온 것이었다. 아마도 지난날에는 자신도 기대받고 환영받고 사랑받고 소중하게 대해지기를 바랐겠지만, 이것들을 하나도 얻을 수 없자 냉소적인 태도를 발전시켰을 것이다. 다른 사람을 대하는 방식 역시 스스로 만든 것이다. 그녀가 내린 '인생은 잔혹하다'라는 결론은 다름 아닌 그녀가 세상을 살아가는 모습이었다. 자신의 인생이 참담한 만큼 남들을 잔인하게 대해온 것이다.

수단과 방법을 가리지 않고 이기려는 마음의 정체

_____

인생의 많은 결론은 나의 다양한 행동으로 완성되며 타인도 나의 태도와 행동에 근거해 내 인생의 결론을 증명한다. 이것은 일종의 순환이다. 만약 당신이 어딜 가든 사랑받는 사람이라면 사람들은 당신의 자신감과 후광을 보고 당신이 괜찮은 사람이라고 느낄 것이고 그런 시선을 받은 당신은 스스로 자신이 괜찮은 사람이라는 것을 증명할 수 있다. 이 경우는 긍정적인 순환이다.

세상을 증오하거나 매사에 염세적인 사람은 부당하고 불공평하거나 염세적인 감수성을 끌어당긴다. 이것은 사람 간의 끌어당김이다. 따라서 우리는 사실 모든 상호작용과 타인의 평가에 참여하고 있으며 그 안에는 자기 몫이 있다.

심리학자 카렌 호나이는 우리가 불편한 기분을 피하기 위해 세 가지 대인 관계 전략을 발전시킨다고 말한다. 사례 속 간호사는 인생에서 채우지 부분으로 인해 불안을 학습했고 이에 대응하기 위해 공격과 저항을 선택했다. 인생에서 결핍되었거나 얻을 수 없는 부분과 맞서기가 너무나도 고통스러워서 이런 방식을 발전시켜 대응한 것이다. 이렇게 강력한 대응 전략 때문에 다른 사람들은 그녀 내면의 아픔과 연약한 부분에 다가가기 어려워했다. 한편 그녀는 공격과 저항을 통해서만 충분히 안전하다고 느꼈고 타인의 노력과 기대를 폄훼해야만 자신의 결핍을 정당화할 수 있었다. 이런 방어기제는 상당히 점진적으로 형성됐을 것이다.

사례 속 간호사는 저항을 통해서만 감정과 기분을 통제할 수 있었다. 자신에게도 친밀함이 필요하다는 점을 부정했고 그 무엇에도 개의치 않는 듯한 모습을 연출해서 타인의 공격으로부터 자신을 지켰다. 어린 시절은 오래전에 끝났지만, 마음속에 또 다른 경기장을 만들고 승리를 쟁취하려 애쓰고 있었다.

상처받은 아이는 외로운 어른이 된다

당신은 사람들에게 어떤 첫인상을 주나요? 당신의 방어기제는 무엇인가요? 무엇을 지키고자 그런 방어기제를 키웠나요? 당신은 이 방어기제를 어떻게 조절하나요? 누구를 대할 때 방어기제가 필요하고 누구를 대할 때는 필요하지 않은가요?

방어기제의 타임라인을 그려보세요. 방어기제는 생존 전략 중 하나로 충분히 유용하게 쓸 수 있습니다. 방어기제를 잘 이용하려면 때와 장소에 따라 적절히 대응해야 한다는 것을 기억하세요. 방어기제를 탄력적으로 운용하면 대인 관계에서 풍부한 융통성을 얻을 수 있습니다. 여러 해가 흐르면 깨닫게 될 거예요. '나는 아직 괜찮지 않다'고 시인하는 것이 무척 아름다운 일이라는 것을요.

가까워지고 싶을수록 밀어내다

사랑받지 못해서 다가가는 법을 몰랐습니다

"우리 아들은 데릴사위로 들어갔는지 하나부터 열까지 처가가 하자는 대로만 해. 요즘은 어떻게 지내는지도 모르겠어."

결혼식 이후로 아들은 좀처럼 집에 오지 않았다. 그녀는 서운하면서도 아들 내외에게 부담을 주긴 싫었다. 매일 골목 어귀에 서서 아들의 차가 보이기를 기다리다가 이웃을 만나면 몇 마디 푸념하며 한숨을 푹 내쉬었다. 그러면 이웃집 아주머니는 이렇게 말하곤 했다.

"그렇게 생각할 거 없어. 아구이는 똑똑한 아이잖아. 하물며 처가 집안이 그렇게 좋은데 푸대접하겠어?"

아구이가 자라는 모습을 모두 지켜본 이웃들이었다. 아구이는 말주변이 좋고 총명하며 약삭빨랐지만 학교 성적은 그리 뛰

상처받은 아이는 외로운 어른이 된다

어나지 않았다. 아구이가 어렸을 때 이웃집 아이들은 모두 그 만그만한 또래였다. 아구이 엄마는 쓰레기를 버리러 나가거나 산책을 할 때 골목에서 아들의 친구들과 마주치면 맨 처음 알림장을 꺼내 성적을 비교했다. 그때마다 아구이는 심한 스트레스를 받았다. 잘 웃던 아이가 점점 미소를 잃었고 사춘기 즈음에는 시크한 소년이 되었다. 아구이 엄마는 성적 때문에 자주 아들을 야단쳤다. 물론 잔소리를 하는 자신의 마음도 썩 유쾌하진 않았지만, 이웃집 사람들이 자식들 성적을 두고 비교할 때마다 창피했고 체면이 말이 아니었다.

그녀가 아들에게 벌을 주는 방식은 신랄한 잔소리를 끝도 없이 퍼붓는 것이었다. "너는 잘하는 게 없어." "매일 다음번에, 또 다음번에 시험을 잘 보겠다고 하면서 한 번이라도 잘 본 적 있니?" "이번에 잘했다고 방심하지 마! 유지하지 못하면 아무 소용없다!" "매번 이 정도 성적은 받아 와야 엄마가 비싼 돈을 들인 체면이 서지!" 그녀는 격려는 조금도 하지 않는 방식으로 아들을 휘어잡았다. 처음부터 칭찬했다가 우쭐해져서 노력하지 않을까 봐 나름대로 심사숙고한 방법이었다. 그런데 아들은 점점 엄마에게 다가오지 않았다. 그녀는 말은 매몰차게 해도 마음은 순두부처럼 무른 사람이었고 사랑의 매는 가슴이 미어져서 들 생각도 못했지만 자신의 차가운 조소가 아들의 마음에 칼로 벤 듯 선명한 상처를 남겼다는 사실은 깨닫지 못했다. 아들은 이미 오래전부터 엄마와 마음의 거리를 뒀고 자주 수치심을 느꼈다.

10년, 20년 세월이 쏜살같이 지나갔다. 다행히 아구이는 건실한 청년으로 잘 자라 젊은 나이에 은행 부지점장이 되었다. 이웃들은 더 이상 성적을 비교하지 않았고 그녀도 이제 악랄한 잔소리를 하지 않았지만 아구이는 이미 심적으로 가족과 멀어진 상태였다. 어머니를 신뢰하지 않았고 오래 묵힌 반항심과 원망은 걷잡을 수 없이 커져 있었다.

아구이는 일찌감치 집을 떠나 살길을 찾았고 가능하면 집에 오지 않으려고 했다. 모르는 사람이 보면 모자 관계가 무척 소원해진 것 같았지만 아구이 입장에서는 이것이 모자 관계를 유지할 수 있는 최상의 방법이었다. 이웃들은 아들이 집에 오기를 매일 바라는 그녀를 지켜보며 그저 위로할 수밖에 없었다.

심한 말을 하는 사람은
결국 남이 아닌 엄마

———

"자꾸 내가 어렸을 때 저한테 모욕감을 줬다는데, 그게 뭐라고? 다 옛날 일이고 저한테 좋으라고 그런 거지. 핏줄이니까!" "저도 처가 눈치가 보일 거고 못마땅해도 참는 일이 많을 텐데, 왜 엄마 집에 안 오려 하는지 모르겠어!" 그녀는 또 한숨을 내쉬었다.

상처받은 아이는 외로운 어른이 된다

그녀의 마음 상태는 늘 이랬다. 어쩐지 남들이 자신과 자신의 가족을 박대하는 것만 같았다. 어릴 때부터 그녀는 별로 중요하게 대접받는 아이가 아니었고 그런 자신의 처지를 늘 부끄럽게 여겼다. 입양아인 그녀는 자신이 필요 없는 존재라고 생각했다. 어째서 부모는 자신을 낳아놓고 키우지 않았는지 알 수 없었고 피가 섞이지 않은 형제까지 챙겨야 하는 처지가 서러웠다.

사랑받지 못한다고 느꼈지만 사랑을 구걸하기는 싫었다. 사랑을 갈구하면 더 비참해질 것 같아서 늘 내면을 단단히 무장하고 센 척, 거침없는 척했다. 나약한 내면을 간파당하면 그만큼 더 약자가 된다고 생각했다.

이런 신념 때문에 친밀한 관계에서 늘 갈등하고 충돌했다. 아들인 아구이에게도 자주 모순된 감정을 느꼈다. 다가가고 싶을수록 어색했고 어색할수록 못되게 굴어서 친해지지 못했다. 그녀의 패턴을 그대로 닮은 아들도 엄마와 가까워지고 싶을수록 다가가지 못했다.

가장 가까운 사람에게
마음을 열기 어렵다

———————

존 볼비John Bowlby의 애착 이론에 따르면, 우리가 주변 사람들에게 관심이나 친근함을 얻지 못할 때 애착 시스템은 저항의 정서를 나타내기 쉽다. 애착 유형마다 저항 정서를 드러내는 방법은 다르다. 불안-양가형인 사람은 불공평하다고 목소리를 냄으로써 상대방의 대답을 끌어내고, 불안-회피형인 사람은 '아무것도 하지 않으면 잘못할 일도 없겠지'라는 생각으로 거리를 둔다.

심리학자 카렌 호나이는 친해질 수 없다는 스트레스 때문에 참여하지 않으려는 사람이 있는가 하면, 상대방을 저항하고 공격하여 정리해버리려는 사람도 있고, 또 누군가는 순종하고 비위 맞추는 모습으로 관심과 사랑을 얻는다고 지적했다. 이렇게 저항하는 목표는 상대방과의 유대감 되찾는 것이다. 그런데 우리는 어째서 미움 살 만한 방식으로 상호작용하면서 가족과 더 친해지길 바랄까? 이것은 더욱 복잡한 문제다.

아이는 태어나자마자 지속적으로 부모에게 의존한다. 하지만 부모가 충분히 호응해주지 않으면 고통을 해결하기 위해 다른 방법을 찾게 된다. 아이들을 고통스럽게 하는 상황은 다음과 같다.

1. 부모가 정서적 대응, 일 분배, 가사 분담, 의사 표현 등의 상황에서 분명하게 소통할 줄 모르는 경우.

2. 부모가 지나치게 감정적이거나 변덕을 부려 아이에게 일관된 감정 경험을 주지 못하는 경우.

3. 부모가 권위를 내세워 아이를 휘어잡고 붙잡으려 하지만,

아이가 막상 곁에 머무르면 소홀히 대하거나 감정적으로 협박하고 자신의 소유물로 간주하는 경우.

4. 부모가 미숙하여 아이를 물심양면으로 배려하지 못하고 오히려 아기가 부모의 욕구를 지나치게 배려해야 하는 경우.

이런 아이들은 성장 환경에서 사람이나 상황을 예측할 수가 없다. 이로 인해 쉽게 불안과 초조함에 시달리게 된다. 이런 정서는 상대방을 견디기 어렵게 만드는 대인 관계 전략으로 진화해 가까워지고 싶을수록 비이성적인 방식으로 밀어낼 수 있다.

불안으로
상대방을 묶어두다

이렇게 융통성이 부족한 대인 관계 전략은 별 효과도 없으면서 오랫동안 이어진다. 사례 속 여성은 내면의 욕구와 마주할 때 주로 슬픔을 느꼈다. 예를 들면 '어휴, 녀석은 왜 집을 싫어하게 되었을까?' '어휴! 왜 해묵은 이야기를 꺼내서 나를 슬프게 하지?'라고 생각했다. 사람의 마음은 매우 복잡하기에 그녀를 이해할 때 이 슬픔을 이해하는 것이 매우 중요하다. 그녀의 슬픔 속에 원망, 괴로움, 분노가 포함된 것을 분명히 인지하면 그녀의 삶이 한층 입체적으로 다가온다.

대인과정이론은 '감정은 한 세트로 동시에 발현한다'라는 관점을 제시하며 이렇게 한 번에 유발되는 감정 그룹을 '감정 별자리emotion-valuation constellation'라고 부른다. 감정 별자리는 예측 가능한 방식으로 서로 관련되어 있다. 이 여성처럼 친해지고 싶을수록 밀어내는 사람들은 나약해 보이지 않으려고 자신을 방어한다. 상처받았다는 사실을 들키면 나약해 보일까 봐 안간힘을 다해 버티며 슬픔과 걱정을 드러내지만, 사실 그 안에는 불만과 분노도 들어 있다.

　다만 사례 속 엄마는 아이의 성토에 동의할 수 없다 해도 엄마인 자신이 아들에게 분노 감정이 생겼다는 것 자체에는 불안과 죄책감을 느꼈다. '어떻게 엄마가 아들을 탓할 수 있어?' '아들을 탓하면 더욱 집에 오지 않으려 할 거야!' 등의 가설을 늘품고 살았다. 분노와 불만의 감정과 그에 따른 죄책감을 드러낼 용기가 없는 그녀는 늘 슬펐다. 슬픔-분노-죄책감은 한 세트로 연결되어 있었는데 내내 슬픔이나 억울한 감정에 막혀 있었기 때문에 자신의 더 깊은 내면을 이해할 수 없었고 자기 생각과 관점을 다양하게 인지할 수 없었다. 따라서 우리는 다양한 정서 변화를 통해 한 사람의 깊은 곳에 자리 잡은 감정을 이해할 수 있다. 깊게 숨은 감정일수록 더욱 간절한 갈망을 끌어안고 있는 법이다.

상처받은 아이는 외로운 어른이 된다

우리가 스스로 내린 모든 선택에는 그림자가 따라붙습니다. 남의 마음에 찬물을 끼얹고 있나요? 당신이 그렇게 하는 이유는 당신 마음에도 비가 오고 있기 때문입니다. 인간은 이토록 복잡한 생물입니다. 툭하면 상대방에게, 또 자신에게 화를 내고는 이내 '난 참 별로야'라고 느끼곤 하죠. 우리는 모두 타인을 통해서 자신을 인지합니다. 아래의 문제에 대답하며 드는 직관적인 생각을 관찰해봅시다.

1단계 : 신경 쓰이는 일이 생겼을 때, 맨 처음 드는 생각은 무엇인가요?

- 남들이 어떻게 볼까?
- 할 말은 꼭 해야겠다.
- 이 일이 그렇게 중요한가?
- 신경 쓰인다는 것을 인정하면 나약한 사람이라는 걸 인정하는 꼴이 될까?
- 신경 쓰인다는 것을 남이 알게 되면, 내 속을 훤히 들켜버릴까?
- 신경 쓰이는 일을 대충 넘겨버리면 이기적인 사람이 될까?
- 남을 나보다 중요하게 생각하지 않는다면, 남을 배려하지 않는 것일까?
- 신경 쓰지 말자. 그러면 곧 지나간다.

□ _____

□ _____

□ _____

2단계 : 자신의 욕구를 표현할 때 어떤 감정을 가장 자주 느끼나요?

(작아진다, 열등하다, 내가 나빴다, 괴롭다, 풀이 죽는다, 무능하다, 창피하다,
상관없다, 특별한 감정이 생기지 않는다 등.)

3단계 : 위 같은 감정이 왜 생기는지 자신에게 물어보세요.

예) 나는 왜 괴로울까? 나는 왜 풀이 죽을까? 나는 왜 아무렇지도 않을까?

나는 왜 _____?

4단계 : 그 감정을 확장해보세요.

이런 감정이 어색하고 불편하다는 것을 깨달았다면 이제 이 감정을
확장해서 생각해볼 순간입니다. 이 감정들이 어떻게 발전됐는지 생각
해보세요. 어쩌면 어느 시기에 금지당했거나 혐오를 받았거나 미움을
받았거나 받아들여지지 않아서 만들어진 감정일지도 모릅니다. 이런
감정의 출처를 찾아보세요.

상처받은 아이는 외로운 어른이 된다

5단계 : 그 감정을 받아들여보세요.

나의 괴로움에는 일리가 있어. 왜냐하면 _____. 하지만 이제 그 감정을 직시하기로 했어. 그 감정이 나를 이렇게 일깨워주니까. '너는 중요한 존재야.' '너는 중요하게 대해질 자격이 있어.' '너는 대체될 수 없는 사람이야.' '네 마음속 갈망은 진실해. 지켜봐줄 가치가 있어.'

우리가 지금껏 배우지 못한 것이 있습니다. 바로 어떤 감정이든 내게 중요하다면 진지하게 받아들여야 한다는 점입니다.

갈등을 극도로 싫어하다

———————— ✛ ————————

폭군 아버지와 나약한 어머니 둘 다 싫었습니다

10월은 이직의 달이다. 기업들도 이 시기에 연봉을 조정하는 경우가 많다. 그레타이_{GreTai}(1994년 타이완 재무부가 장외파생상품 OTC 시장을 발전시키기 위해 만든 비영리 증권거래소-옮긴이) 상장 회사에 다닌 지 5년이 넘은 그는 그동안 회사 내부의 권력 암투를 지켜보며 매우 답답함을 느꼈다.

'왜 사람들은 다투고 뺏으려 할까? 좋은 게 좋은 거 아닌가?' 그는 회사에서 파벌 다툼에 말려드는 것을 극도로 혐오했다. 어릴 때부터 부모의 분쟁에 자주 휘말렸기 때문이다. 어머니는 그를 방임했고 아버지는 무척 엄했다. 외아들이었던 그는 어떤 선택을 하든 쉬운 법이 없었다.

중학생 시절에는 매우 엄격한 선생님을 만나 자주 부딪혔다.

상처받은 아이는 외로운 어른이 된다

엄마는 안쓰러워하며 전학을 보내려 했지만, 아빠의 불호령 한마디에 입을 닫았다. 결국 그는 꼼짝없이 3년 동안 학교를 참고 견뎌야 했다. 그래도 집에 비하면 학교는 그럭저럭 참을 만했다. 가정에서 그는 3년 내내 부부 싸움에 끼어 엄마 아빠가 싸울 때마다 둘 사이에서 안절부절못했다.

"네 생각 좀 말해봐! 네가 하고 싶다고 말하면 엄마가 도와줄게." 엄마는 늘 그에게 생각을 말하라고 했지만 아빠가 집에 오면 모자간의 약속은 뒤집히기 일쑤였다.

'한 번도 약속을 지킨 적 없으면서 뭘 말하라는 거야?' 그는 엄마 편에 서고 싶으면서도 엄마의 무능함을 원망했다. 한편 아빠는 인간미라고는 없는 폭군이었다. 독재적이고 고집이 센 아빠에게는 무슨 말을 해도 소용이 없었다. 아빠의 폭군 같은 모습은 그의 마음속에서 지워버리고 싶은 그림자가 되었다. 절대로 아빠 같은 사람이 되고 싶지 않으면서도 불호령 한마디면 온 집안을 침묵시키는 아빠의 자기중심적이고 권위 있는 모습이 조금 부럽기도 했다.

이런 부모 사이에 낀 그는 감정적으로 기댈 곳이 없었다. 자기라도 엄마를 지지해주고 대신 결정해줘야 한다고 생각했고, 지나치게 냉혹하고 무정한 아버지의 일격에 무너지지 않기 위해 언제나 긴장해야 했다. 사실 늘 자신에게 감정을 쏟아내고 아버지를 탓하는 엄마를 속으로 조금 원망하면서 동시에 깊은 죄책감을 느꼈다. '엄마는 언제나 내가 하고 싶은 대로 선택하

게 두고 또 이렇게 잘해주는데 어떻게 엄마를 원망할 수 있겠어?'

그러나 그는 마음 깊은 곳에서부터 엄마를 버려야 했다. 엄마가 너무 나약했기 때문이다. 하지만 실은 자신마저 무능해질까 봐 두려운 것이었다. 한편 주관이 생기고 많은 일을 스스로 결정할 힘이 생겼을 때에는 냉혹한 독재자가 될까 봐, 아버지의 모습을 답습해서 폭군이 될까 봐 너무나 두려웠다. 그래서 권력 앞에서 늘 움츠러들었고 권력을 움켜쥐고 싶으면서도 죄책감을 품었다. 그렇다고 물러나려고 하면 자신의 무능과 나약함을 견딜 수 없었다. 이렇게 중간에 낀 그는 양쪽 진영에서 자기 자리를 찾지 못했다. 부모의 싸움에서도 강하고 권력 있는 자의 편에 서고 싶지 않으면서 동시에 약자를 멸시했다. 이런 모순이 내면에 자라나면서 직장에서도 심적으로 지치는 일이 잦았다.

부모의 양육 태도가
인생에 끼치는 지대한 영향

———

부모의 양육 태도가 아이에게 끼치는 영향은 다이애나 바움린드의 연구를 참고할 만하다. 바움린드는 자녀 양육 유형을 몇 가지로 나눴다. 연구에 따르면 각기 다른 양육 태도는 아이

상처받은 아이는 외로운 어른이 된다

들에게 다른 영향을 끼친다.

사례 속 아버지는 '독재적인 부모authoritarian parent'에 속한다. 이런 부모는 아이의 성장이 눈에 들어오지 않기 때문에 아이의 의견을 받아들이려 하지 않는다. 그리고 '내 생각이 너보다 낫다' '내가 너를 대신해 내리는 결정이 모두 완벽하다'라는 생각을 즐긴다. 아이에게 "스스로 생각할 줄 알아야 해!" "네 의견을 가져!"라고 요구하지만 모순적이게도 아이에게 스스로 결정할 만한 실권과 신뢰를 주지 않는다. 무의식적으로 부정당한 아이는 자기 생각이 남보다 못하다고 여겨 열등감을 품게 되고 부모를 경외하는 태도를 보인다. 이런 아이는 자신에 대한 신뢰가 약하기 때문에 나중에는 주관이 있어도 감히 말을 꺼내지 못하게 된다. 독재적인 부모는 아이에게 스스로 생각하라 요구하면서 한편으로는 아이가 스스로 사고하는 것을 좋아하지 않는다. 이런 부모는 우선 자기 내면의 우월감과 아이가 강해지는 것에 대한 불안을 마주하고 때로는 손을 놓고 아이가 스스로 결정할 수 있도록 해야 한다. 아이는 부모의 신뢰를 받으며 실수를 저지를 수 있는 공간이 있어야만 자신감과 능력을 키울 수 있다.

사례 속 어머니는 비교적 모든 것을 허용하는 양육방식을 택했다. '허용적인 부모permissive parent' 밑에서 자란 아이는 부모에게 몹시 복잡한 감정을 품는다. 자녀를 방임하는 집안에는 어른이 없는 것과 진배없어서 각자의 역할이 제 기능을 발휘하지 못하고 역할의 혼동이 온다. 아이는 안전하지 않다고 느끼며 명확하게 따를 가이드가 없다고 생각한다. 주로 지나치게 엄격한 부모 밑에서 자란 부모들이 아이를 단속하기 시작하면 부모의 전철을 밟을까 봐 아이를 과도하게 방임한다. 자녀는 지나치게 많은 권한을 부여받기 때문에 부모가 내린 지시에 대해 협상하거나 거부할 여유를 갖는다. 이런 아이는 상대방을 존중하지 않는 태도나 응석받이 경향을 보인다.

바움린드는 두 유형의 부족한 부분을 정리하며 '권위 있는 부모authoritative parent' 유형을 제안했다. 잘못을 저지르면 바로잡도록 유도하고 잘한 행동은 칭찬하고 격려하여 자녀에게 협조와 자율을 가르치고 규범과 습관을 갖추도록 기르며, 부모에게도 적절한 기대를 하도록 훈육하는 유형이다.

부모가 "절대 안 돼"라고 말했다가 또 별안간 "괜찮아"라고 말하는 등 매사를 자신의 성정대로 처리한다면, 아이는 부모의 마지노선과 규칙을 파악하지 못해 지뢰 밟듯 부모의 심기를 건드리고 만다. 이런 아이는 눈치를 보느라 신경이 온통 부모에게 쏠려 자신에게 집중하지 못한다.

마지막 유형은 '방임하는 부모neglectful parent'이다. 이 유형의 부모는 귀찮은 일을 최대한 피하려고 하고 자녀가 자신의 삶에 끼어든다고 생각한다. 자녀가 울고 떼쓰거나 마음대로 굴 때, 아이가 우는 이유를 생각하지 않고 자신이 귀찮은 상황에 놓이지 않는 것을 최우선시한다. 이들은 물론 자녀에게 사랑과 지

상처받은 아이는 외로운 어른이 된다

지를 보내지 않는다. 오랫동안 편할 대로 길러진 자녀는 어른이 되어서도 자신이 중요하지 않고 자신을 위해 다른 사람이 공들일 이유가 없다고 생각한다. 보호자로부터 응답을 받은 경험이 부족하므로 대인 관계에 어려움을 겪고 사교 능력이 부족하다.

바움린드가 제시한 네 가지 유형 외에 또 다른 유형은 '과잉 보호하는 부모'다. 부모가 언제나 보호막을 제공하기 때문에 아이들은 자신을 믿지 못한다. 따라서 매사에 자기중심적이고 부모가 제공하는 도움에 전적으로 의존한다. 부모는 자녀가 손해를 보거나 고생할까 봐 가능한 한 아이의 요구를 들어준다. 겉보기에는 아이가 필요한 것을 주는 것 같지만 아이가 자신감과 능력을 기를 기회를 박탈하는 것이기도 하다. 이런 유형의 부모 밑에서 자란 아이들은 세상의 변화에 적응하거나 발맞춰 변화하지 못한 채 자기만의 세계에서 살아가기 쉬우며 매사에 자기중심적이고 자신을 믿지 못한다.

시소와 같은
가족 간 소통

가정은 균형을 유지하려는 저울과 같다. 어느 한 사람이 손을 놔버리고 지나치게 무관심하면 다른 한 사람은 과도하게 엄격해진다. 그래서 일터에서 똑 부러지게 일하는 능력 있는 엄마들에게 남편은 어떤 사람인지 물으면 대부분 성격이 온화하지만 주관이 부족하며 아이들 교육에 관여하지 않는다는 대답이 돌아오는 것이다. 반대의 경우도 마찬가지다. 매사에 불만을 제기하는 아버지가 있다면, 그 뒤에는 아이에게 몰래 잘해주지만 실권이 없거나 우유부단하거나 아니면 연애 초기부터 남편에게 무시당했던 아내가 존재한다.

한 개인에 대해 생각할 때, 우리는 자연스럽게 그 사람 가족의 다른 구성원을 연상하게 된다. 한 사람의 성격이 꼭 타고난 성질에 의해서만 형성되지 않고 대부분 환경 속에서 어떤 특징이 강화되기 때문이다. 이것을 대인과정이론에서는 '후천적 성격'이라고 한다. 어떤 사람은 가족 구성원들이 비이성적이고 나약한 바람에 강제적으로 이성적인 사람이 되고, 어떤 사람은 가족 안에서 발언권이 없었던 탓에 모든 일에 자기 목소리를 내야만 하는 주장이 강한 사람이 되기도 한다. 그래서 기가 센 아내가 수더분한 남편과 잘 맞고, 게으른 엄마가 뜻밖에도 성실한 아이를 키워내고, 가정에서 애지중지 자란 아이가 부모의 머리 꼭대기에 올라앉는 것이다. 이런 현상은 시소의 양 끝단과 닮았다. 시소가 균형을 잃으면 시스템 자체가 어느 정도 재조정되며 역할과 권위가 재분배된다.

어떤 사람은 직업 때문에 후천적으로 성격이 변하기도 한다. 회사 이익을 최대의 가치로 삼고 매일 장부를 기입하는 보험회

상처받은 아이는 외로운 어른이 된다

사 경리는 가정에서도 모든 일에 결점을 찾는다. 어떤 변호사는 집에서도 사사건건 이치를 따지며 상대방을 몰아붙인다. 어떤 개발자는 0과 1로 정확하게 떨어지는 언어로 가정의 문제에 접근하고, 어떤 교사는 학생들을 가르치는 습관이 몸에 배어 집에서도 가족을 가르치며 선생님 노릇을 한다. 우리는 직장에서 매일 적어도 8시간, 길게는 12시간을 일하기 때문에 업무 습관이 자신의 일부가 되어버리기 쉽다.

인생은 무언가를 끊임없이 쌓아가는 과정입니다. 대인과정이론은 문제에만 집중하지 않고 한 사람의 삶에 주어진 자원에 주목합니다. 과거의 작은 점들은 모두 현재의 자양분입니다. 과거에는 무척 유용했던 생존 전략이 지금은 너무 경직되었거나 넘을 수 없는 장애물이 되기도 합니다. 하지만 괜찮습니다. 인생은 스스로 회복하는 능력을 갖추고 있거든요. 그러니 문제를 발견하고 직면하면 관찰하고 해결할 기회를 얻을 수 있고 내가 좋아하는 나로 성장할 수 있습니다.

우리는 대부분의 순간을 오롯이 나 혼자인 채로 지내지 않습니다. 어떤 퍼즐은 다른 사람과 함께 맞춰야만 완성할 수 있습니다.

한 사람에게 정착하지 못하다

---- ✖ ----

아빠의 외도를 숨겨야 했습니다

수업이 끝나는 종이 울리자 그녀는 여느 때처럼 교문 앞에서 아빠가 데리러 오기를 기다렸다.

그런데 그날 아빠는 여느 때와 달리 웃는 모습이 예쁜 처음 보는 아줌마와 함께였다. 그녀는 아줌마와 아빠가 평범한 친구 사이가 아니라고 직감했다. 아줌마가 자꾸만 말의 흐름을 끊으며 자신에게 잘 보이려는 태도가 아무래도 꺼름칙했다. 그러던 어느 날, 아빠는 그 아줌마가 집을 샀다며 방과 후에 같이 집 구경도 하고 밥도 먹자고 했다.

"네가 보기에 집이 어떠니?" 아빠는 아무렇지도 않게 물었다. 아빠에게 그녀는 눈에 넣어도 아프지 않은 막내딸이었다. 딸이 태어나고부터는 두 오빠에게는 눈길도 주지 않았고 뭐든지 딸에게만 의사를 물었다.

"아줌마는 같이 사는 가족이 많아요?" 세 사람은 노점에서 취두부를 먹으며 이야기를 나눴다.

"아니, 아마 세 식구일걸!" 아줌마가 아니라 아빠가 대신 대답했다. 아빠와 아줌마는 서로 눈을 맞추다가 약속이라도 한 듯 다시 고개를 숙이고 먹는 데 열중했다.

"그 정도면 딱 단란하겠어요!"

"정말 그렇게 생각하니?" 그녀의 말에 두 사람은 서로 마주 보며 환하게 미소를 주고받았다. 누가 봐도 뜨거운 사랑에 빠진 연인이었다. 순간 그녀의 마음에 어떤 직감이 벼락처럼 내리꽂혔다. 반쯤 남은 취두부를 버려두고 책가방을 멘 채 그 길로 지하철역으로 달려갔다. 허둥대며 어쩔 줄 모르는 두 어른을 거들떠보지도 않았다.

역시 그랬다. 아빠는 외도를 했다. 그녀가 중학교 1학년 때 일이었다. 아직 초등학생 티를 벗지 못한 그녀는 철없이 마냥 즐거운 생활을 보내고 있었는데 모든 것이 그날 부서지고 말았다. 집에 돌아온 아빠는 딸에게 사실을 털어놓았다. 방과 후에 매일매일 나타나던 그 아줌마는 아빠의 외도 상대였다. 아빠는 딸에게 절대 오빠와 엄마에게 말하지 말라고 신신당부했다. "아빠는 너를 사랑하고 믿어. 우리 같이 이 집을 떠나자! 아빠가 너를 데리고 나갈게!" 그녀는 무척 망설여졌다. 눈앞의 이 사람을 어떻게 믿어야 할까? 부모님 사이에 사랑하는 감정이

상처받은 아이는 외로운 어른이 된다

메마른 것은 알고 있었지만 그렇다고 딸에게 아무렇지도 않게 다른 사람을 받아들이라고 할 줄은 몰랐다.

그날 밤, 그녀는 잠을 이루지 못하고 뒤척이며 내내 눈물만 흘렸다. 고개를 돌려 언제나 무섭고 깐깐한 엄마를 바라봤다. 엄마는 이제 자기가 배신당한 줄도 모르는 초라한 여인이 되었다. 사랑하는 아빠는 매일 감쪽같이 자신을 속였고 가족을 사랑한다고 거짓말했다. 마음 깊은 곳에서부터 외로움을 느꼈다. 엄청난 비밀을 품었다는 생각에 눈물이 멈추지 않았다. 이제 아빠의 다정한 배웅을 받는 단란한 가족은 무너졌다. 비밀을 억지로 지켜 엄마를 속이는 공범이 되는 것도 받아들이기 힘들었다.

그러다 마침내 부모님은 최후의 결판을 냈다. 아빠는 그녀가 진작 알고 있었던 비밀을 엄마에게 털어놨고, 그날부터 엄마는 딸을 철저히 무시했다. 이혼하더라도 딸의 양육권만큼은 원치 않는다고 했다. 그녀는 인간 공이 된 듯 이리저리 던져졌다. 엄마에게 죄책감이 들었고 아빠에 대한 친밀함은 분노로 바뀌었다.

어른이 되자 누군가와 친밀한 관계로 발전하는 것이 두려워졌다. 그래서 관계 속에서 늘 이리저리 쟀고 사랑을 갈구하면서도 상대방을 믿지 않았다. 부모가 겉으로는 사이좋은 척하다가 결국에는 파국으로 치닫는 모습을 기억했고, 무서운 엄마의 빈자리를 채워주는 척하던 아빠가 사실은 다른 여자와 집까지 장만해 살림을 차리고 사는 모습을 두 눈으로 목격했다. 이런 경험 때문에 두 번 다시 사랑을 믿고 싶지 않았지만 역설적이게도 사랑이 필요했다.

어느 한 남자와 깊은 사이가 되는 것을 경계해서 여러 단계의 남자친구들과 동시에 연락하며 지냈다. 옛 남자친구와 아직 만나는 사실을 현재 남자친구에게 발각돼 곤란한 상황에 빠진 적도 있었다.

내가 바라보는 세계는
나의 일부

———

사례 속 외도하는 아빠는 아이를 자신의 감정과 처지에 끌어들여 부담을 나누도록 강요했을 뿐만 아니라 딸이 엄마의 신뢰와 사랑을 받지 못하게 했다. 이렇게 취약한 관계 속에 놓인 딸은 안전하다는 느낌을 받지 못했다. '나는 엄마를 사랑하면서 왜 엄마를 속였을까?' '하지만 아빠도 사랑하는데, 그렇다면 아빠가 엄마를 배신한 사실을 받아들여야 할까?' 아이는 누구 편을 들어야 할지 모르는 복잡한 정서에 시달렸다. 부모가 선포한 전쟁에 끼어서 자신이 사랑받는지 아닌지 알 수 없는 불안에 떨어야 했다.

엄마를 배반한 비밀을 품고도 아빠는 딸을 걱정하는 척했고 비밀 폭로에 대한 책임을 딸에게 던졌다. 아이는 가족 구성원의

틈바구니에서 그 짐을 매일 홀로 짊어졌다. 이런 분위기가 오래 지속되면 누구든 관계에서 지나치게 조심스러운 태도를 보이게 된다. 우리는 미래의 반려자를 고를 때 최대한 화를 피하고 싶어서 과거의 경험을 거울삼아 경계한다. 하지만 내면 상태를 차분히 정리할 기회가 없으면 과거의 나쁜 경험을 배턴 터치하듯 무의식적으로 되풀이하기 쉽다. 이리 재고 저리 재는 동안 선택의 여지는 더욱 줄어들고 끝없는 반복만 이어진다.

투사란 '내가 내다보는 세계가 곧 나의 일부'라는 개념이다. 자아를 정돈하지 못한 사람일수록 자신이 받아들일 수 없는 부분을 내팽개치며 남의 몫이라고 말한다.

예를 들어 화내는 자신을 용납하지 못하는 사람은 화가 난 사람을 보면 겁이 난다. 저렇게 당당하게 성질을 부릴 수 있다는 것이 보기 불편한데 자신은 한 번도 화난 자기 모습을 받아들인 적이 없기 때문이다.'

스스로 약한 모습을 허용하지 않는 사람은 다른 사람이 약해지는 모습을 견디기 무척 어려워 한다. 스스로 발산하거나 흡수할 수 없는 감정을 다른 사람에게서 우연히 보면 재빨리 그것을 지워버려 영향을 받지 않으려 하는 것이다.

사례 속 딸은 외도하는 아빠의 인생을 받아들일 수 없었고, 엄마에 대한 죄책감을 내면 깊은 곳에서 마주해 자신의 연애관을 수정할 자신은 더욱 없었다. 그래서 모든 걸음이 조심스러웠고 모든 움직임이 어려웠다. 한편으로는 배신당할까 봐 두려우면서도 다른 한편으로는 끊임없이 먼저 배신했다. 모두 자아를 정리하지 못해 일어난 일이었다. 마음속 블랙박스를 해독하거나 엿볼 기회가 없다면, 우리는 더욱 쉽게 이판사판으로 나가려 하고 스스로 원치 않는 삶의 길을 걷게 된다.

부모와 자녀의 정서 전달은
공을 던지고 받는 과정

부모와 자녀의 감정 모형은 공을 던지고 받는 과정과 비슷하다. 사유를 거치지 않은 인생은 무의식적으로 전승된다. 부모가 아이를 냉정하게 대하면 아이가 무의식중에 그 냉정함을 흡수해 자신도 냉정한 사람이 된다. 부모가 서로 속이면 집안 분위기가 도둑 잡는 현장 같을 것이고, 가족 구성원 중 누구도 그 영향에서 도망칠 수 없을 것이다.

북극곰 가족은 불곰을 가족으로 받아들이지 않는다. 펭귄 가족이 백조를 수용하지 못하는 이유도 이미 형성된 가족의 분위기 때문이다. 이런 가족의 분위기가 바로 아이들의 자아 정체성으로 발전한다. 한번은 편식이 심한 내담자를 상담한 적이 있다. 내담자는 과일과 채소를 거의 먹지 않았다. 그의 부모도 나와 상담을 했는데, 알고 보니 그들도 과일과 채소를 좋아하지 않았다. 당연히 그 집에서는 과일과 채소가 잘 보이지 않

상처받은 아이는 외로운 어른이 된다

앴을 것이다. 식탁에 과일과 채소가 한 번도 등장하지 않은 가정에서 아이들이 불현듯 이것들을 먹자고 한다면, 부모는 동의할까? 아니면 무척 귀찮아할까? 부모가 아이의 욕구를 인정할까? 아니면 아이가 별종이라고 생각할까? 집안 분위기는 이렇게 대대로 전승되고 재연되며 동족 아니면 별종이라는 정체성을 연출한다.

따라서 가족 구성원은 서로에게서 위로를 찾고 무력감을 상쇄한다. 함께 두려움과 괴로움을 짊어지고 죄의식을 분담하며 서로가 피차 보잘것없다고 느낀다. 또는 자신이 보잘것없다는 점을 이용해 상대방에게 대단한 위치를 설정하는 일이 가족 시스템 안에서 매일 일어난다.

우리는 각기 다른 방식으로 가족과 유대감 및 동질감을 느낀다. 내가 상담했던 한 아이는 위암으로 사망한 엄마와의 유대감을 본인이 위통을 느끼는 방식으로 처리했다. 어떤 아이는 등교를 거부하는 방식으로 부모 사이에 풀리지 않은 배신과 의리 문제를 처리하고, 그 부모도 문제를 일으키는 아이를 핑계로 영원히 타협하지 못할 갈등을 회피한다. 어떤 부모는 아이의 질병을 통해 자신이 능력 있는 부모라는 점을 증명하고자 한다. 아이를 곁에 꼭 묶어두고 "아이에게는 내가 필요하다"라고 말하지만 실은 부모가 더 사랑에 목이 말라 아이를 필요로 하는 것일 수 있다. 어렸을 때 여행을 가고 싶었으나 그러지 못했던 부모가 아이를 이끌고 무턱대고 여행을 다니며 어린 시절의 결핍을 채우고, 어렸을 때 피아노를 배우지 못한 부모가 아이는 전혀 흥미를 느끼지 못하거나 견딜 수 없다는 대도 피아노 연습을 매일 강요한다.

대인과정이론은 현재의 성격과 대인 관계 패턴에 과거가 끼친 영향을 보여주며, 가족과의 관계가 향후 스스로 선택한 가정에서의 경험에 끼치는 영향을 이야기한다. 이제 우리는 깨닫지 못한 삶은 되풀이되고 또 되풀이된다는 점을 깨달았다. 자신의 울음소리를 듣지 못하는 사람은 다른 사람의 울음소리도 들리지 않는 법이다.

죄책감을 품은 부모는
아이도 가책을 느끼게 유도한다

———

부모와 아이는 이렇게 서로 보완하고 또 동기화하는 사이다. 우리는 자신의 소망을 다른 사람에게 넘긴 채 해답을 찾으려고 한다. 마치 다른 사람에게 함부로 대하고도 마음의 적막함은 감추지 못하는 것처럼, 강한 척하지만 말 한마디 한마디를 타인이 뒤집어주길 갈망한다. 이처럼 모순되고 초조한 마음을 한눈에 간파하기란 쉽지 않다. 다른 사람들은 그 고슴도치 같은 겉모습에 쉽게 겁을 먹고, 일단 겁을 먹으면 위로와 이해를 해주기가 더 어렵다. 이런 사람은 연애 상대를 고를 때 단단한

갑옷 아래 감춰진 자신의 연약한 모습을 간파해줄 사람을 찾아 헤맨다. 결국 원하는 것을 얻기 위해서 실험을 병행하는 것이다. 실험에 실패하면 상대를 잃고 다시 '내 곁에 남아줄 사람은 없겠지?'라고 탄식하는 단계로 돌아간다.

바로 지금이 잠시 멈춰 서서 나에게 숨 돌릴 틈을 줄 때인지도 모릅니다. 마음에 걸렸던, 신경 쓰이던, 사랑을 갈망했던 일들을 꺼내 바람을 쐬게 하고 햇볕에 널어 빛을 받게 하세요. 사람마다 마음에 걸리거나 민감한 포인트가 다릅니다. 아래 보기에서 자신에게 해당하는 부분을 골라 체크해보세요.

- □ 나는 사랑받길 원해.
- □ 조건 없이 받아들여지고 싶어.
- □ 권력을 원해.
- □ 영원히 버려지지 않기를 바라.
- □ 주변 환경을 장악하고 싶어.
- □ 영원히 중시되었으면 좋겠어.
- □ 매력적이기를 바라.
- □ 배척당하지 않기를 바라.
- □ 다른 사람의 마음속에 내가 있었으면 좋겠어.
- □ 다른 사람에게 영향력을 가졌으면 좋겠어.
- □ 누군가를 사랑했으면 좋겠어.
- □ _____
- □ _____
- □ _____

이제 나를 꼭 안아주세요. 한때 저 바람들이 나의 마음에 한 자리를 차지하며 나를 조금 더 적극적으로 조금 더 진취적으로 이끌었고, 내게 조금은 기회를 줬습니다. 나약하지만 진실한 갈망이 있기에 우리는 좀 더 나답게 살 수 있습니다. 더 많은 진실을 가슴에 품고 경계심은 풀고 사랑하는 사람에게 차분하게 진심을 전해보세요. 나를 불안하게 하는 그 부조화를 사랑하세요. 그것이 있기에 인생은 아름답기 때문입니다.

애정을 돈으로 대신하다

아들과 잘 지내는 방법을 몰랐습니다

"아빠, 돈 떨어졌어요. 얼른 부쳐주세요." 메신저로 날아온 말 한마디에 그는 신경이 바짝 곤두섰다.

함께 출장 중인 동료가 그의 안절부절못하는 표정을 보고 물었다. "괜찮아?"

"별일 아냐. 아들이 돈이 없대서 영국에서 어떻게 돈을 보내야 할지 생각하느라. 여기 환율이 어떻게 되지?"

"다른 가족은 없어? 정 급하면 우리 집사람한테 좀 부탁해볼까?"

"그럴래? 아들놈이 지금 당장 쓸 돈이 없을까 봐 그래. 일단 200만 원만 빌려줘 봐."

"대학생한테 200만 원은 너무 큰돈 아냐? 혹시 젊은 나이에

상처받은 아이는 외로운 어른이 된다

벌써 사업해? 우리 사흘 후면 귀국인데 우선 40만 원 정도만 보내도 충분할 거야! 평소에 용돈을 얼마씩 주는데?"

"비상금 필요할 때 쓰라고 80만 원 정도 주지. 아…… 120만 원인가? 아이참, 됐어! 신경 쓰지 마."

"200만 원까지는 없어. 40만 원 정도라면 아내한테 보내주라고 할게."

그는 하는 수 없이 동료의 제안에 따랐지만, 곧바로 애가 타서 발을 동동 구르는 아이의 메시지를 받았다.

그는 아들의 실망하는 눈빛을 당해낼 재간이 없었다. 아이가 열 살 되던 해에 그는 "네 엄마가 너를 버리고 떠났고 할아버지 할머니는 돈이 없으셔. 그래서 아빠가 널 평생 키울 거야!"라고 말했다.

부인이 떠나자 그는 오랫동안 상심했다. 실패한 결혼 생활과 엄마 잃은 아이를 마주하며 무척 수치스러웠고 모욕감을 느꼈다. 그 뒤로 오랜 시간이 흘렀고 상황도 많이 달라졌지만 그는 여전히 그 감정과 마주했다. 그러는 동안 아이와 친밀한 감정을 쌓지 못했고 그로 인한 미안함과 죄책감에 아들에게 '초장기 어음'을 발행한 셈이었다.

그 어음을 발행하고 나서는 아이와 단단히 묶일 수 있었다. 그는 아들의 과외비, 용돈, 학교생활에 필요한 각종 지출, 심지어 게임 포인트까지 내줬다. 인간 현금인출기라도 된 것처럼 아들이 달라는 대로 돈을 줬다. 이러면 안 된다는 생각도 들었지만 아들을 실망시키느니 끌려다니는게 나았다. 수입이 박한 편도 아니어서 여력이 되는 만큼 아들의 요구를 받아줬다.

그는 아이에게 "안 돼"라고 말할 자신이 없었다. 안 된다고 말하는 순간 태만한 아빠, 약속을 지키지 않는 아빠가 될 텐데 도저히 그것만은 감당할 수 없었다. 그저 아이한테 진 빚은 평생을 두고도 갚지 못하리라 생각했다.

부모의 지나친 부채 의식은
아이의 날개를 꺾는다

————

아들은 이렇게 희생하는 아빠를 볼 때마다 죄책감이 들었지만 아빠와 소통할만한 다른 방법이 있는 것도 아니었다. 돈이 그들 사이의 가장 실질적인 연결고리였다. 가끔은 아빠가 자신과 함께하고 싶지 않아 돈을 주며 쫓아버리는 것 같았다. 하지만 다른 한부모 가정 아이들에 비하면 처지가 훨씬 나은데, 어떻게 아빠를 원망할 수 있겠는가?

그는 아빠가 같이 축구를 하자고 하거나 격려의 말을 해주거나 더 좋은 성적을 받으라고 잔소리해주길 바랐다. 언제나 주머니가 두둑해서 친구를 쉽게 사귀었지만, 아빠와 비디오 게임을 하거나 운동을 즐길 잠깐의 시간도 얻어내지 못했다. 고독했고 그 고독이 쌓이자 아빠와 잘 지내려면 어떻게 해야 하

상처받은 아이는 외로운 어른이 된다

는지 방법을 모르게 되었다.

아빠는 돈을 침대 밑, 사전 속, 책상 밑 등에 숨겼고, 아들은 숨바꼭질하듯 그 돈을 찾아냈다. 그렇게 숨어 있는 돈을 찾아내도 아빠가 전혀 개의치 않는다는 점도 알고 있었다.

이렇게나 돈을 잘 버는 아빠를 두었기에 그는 자신에게 자신이 없다. 그렇다고 아빠처럼 능력을 쌓으려고 시도한 적도 없었다. 자신이 너무 똑똑해지면 아빠의 역할이 없어지기 때문이었다. 그래서 아빠가 최선을 다해 돈을 모으려 애쓸 때 그는 최선을 다해 돈을 펑펑 썼다.

사랑받을수록
수치스러운 아이

아들은 아버지가 자신을 아끼고 사랑하며 무슨 일이 있어도 감싸주리라는 것을 알았다. 부자 사이에는 '너의 일은 곧 나의 일' '너의 필요는 곧 나의 필요'라는 약속만 있었을 뿐, 부모로서 자식에게 가하는 제한도, 아버지가 베푸는 사랑의 상한선도 보이지 않았다.

이런 조건 없는 사랑 때문에 아들은 자신이 무능하다고 느꼈고 능력을 갖춰서는 안 된다고 생각했다. 능력이 생기면 아빠와 경쟁하고 비교해야 할 것이고 결국 아빠를 잃고 말 것이라고 생각했다. 그래서 그는 모든 일을 남에게 떠넘겼다. 이렇게 해야만 다른 사람과 연결고리를 구축할 수 있었기 때문에 상대방이 자신에게 잘 대해주지 않으면 그 사람을 사랑할 이유를 찾을 수 없었다.

그래서 인간관계나 연애에서 자주 좌절하면서도 아빠와 이런 나약함과 무력함을 나눌 수 없었다. 다른 사람과의 관계도 돈 위에 세운 것일 뿐이었다. 돈이 타인과 연결되는 가장 빠른 방법이었고 돈이 없으면 텅 빈 사람이 되고 말았다. 아들이 느끼는 이 깊은 공포를 아버지는 이해할 수 없었고 돈을 주는 방법 외에 다른 형태로 아들의 곁에 있을 줄도 몰랐다. 아들은 점점 무능을 사랑하는 상태가 되었다. 남에게 많이 베풀어도 진심은 늘 몰인정하게 되돌아왔고, 그도 약해 보이기 싫어서 남들은 중요하지 않다고 생각하기 시작했다. 이런 대인 관계 문제 때문에 아르바이트를 할 때, 학교에 적응할 때마다 좌절했고 모두 그를 이용하려고만 했다. 자신을 이렇게 교육한 아빠를 원망하고 싶었지만, 정말 원망해버리면 아버지가 괴로워하거나 상처받을 것을 잘 알기에 결국 아무도 원망할 수 없어 숨이 막혔다.

많은 부모가 죄책감이나 원망, 과거에 저지른 부적절함 또는 과거의 상처 때문에 자녀에게 평등하고 쾌적한 관계를 만들어주려다가 감정을 잘못된 연결고리에 위에 쌓아 올린다.

여기서 '잘못된 연결고리'란 과보호, 지나친 지적과 요구, 과

　　　　　　　　　　상처받은 아이는 외로운 어른이 된다

도한 애착, 양자택일 강요 등을 가리킨다. 하지만 이런 행동이 빈번한 부모는 대부분 자신의 상황을 인지하지 못하기에 이런 방식으로밖에 소통하지 못한다. 사례에 등장한 가정에는 진정한 의미의 어른이 존재하지 않는다. 아버지는 아들에게 돈을 주는 과정에서 이런 메시지를 보내고 있었다. '나에게 그 밖에 다른 걸 더 요구해선 안 돼. 돈은 가장 희귀하고 다른 사람에겐 없는 것인데 나는 너에게 그것을 줬잖아. 그런데도 불평한다면 정말 어떤 사랑을 너에게 더 줄 수 있을지 모르겠다.'

따라서 이들 부자 관계는 공포 위에서 균형을 유지하고 있었다. 아빠는 아이가 돈이 부족하다고 불평하면 마치 '사랑이 부족하다'라고 말하는 것 같았다. 이것은 아빠의 공포였다. 아이 역시 아빠에게 다른 관심과 사랑을 바라면 만족을 모르는 자식이 될까 두려웠다. 이 가정에서는 사랑을 주는 방식이 돈이었지만 다른 가정에서는 시간 주기, 에너지 주기, 간섭하지 않기, 거절하지 않기, 하늘처럼 떠받들기 등 다른 모습으로 발현될 수 있다. 이런 양상은 부모가 과거에 채워주지 못한 사랑을 아이에게 투영한 결과일 것이다. 예전에 상담했던 어떤 부부는 아이를 발가벗겨 길 한복판에서 두들겨 팬 이후로 지금까지 사랑과 포용으로 감싼다고 했다. 죄책감 때문에 지금은 아이를 나무라지 못했고 아이가 숙제를 집어던져도 무엇을 어떻게 고치라고 말하지 못했다.

또 다른 내담자는 한 번도 자녀에게 무언가를 요구한 적 없었고 집에서 자녀가 큰소리치게 내버려뒀으며 심지어 자녀에게 맞았다. 한 번은 경찰에 신고했는데 폭행당한 쪽이 할머니가 아니었다면 절대 경찰에 알리지 않았을 것이었다. 부부는 나중에 할머니를 폭행한 자녀의 가정폭력 혐의를 철회해달라고 사정까지 했다.

사랑과 제한을 동시에 줄 때
자녀는 안전감을 얻는다

———

지나치게 방임하는 가정에서 자란 아이는 오히려 안전감을 얻지 못한다. 방임형 가정에서는 어른이 없는 상태에서 아이들끼리 관계를 맺는 것이나 다름없기 때문이다. 이런 가정에서는 뚜렷한 질서와 위계가 전무해 모든 구성원이 엉뚱한 역할을 한다. 가족 시스템에도 군군君君, 신신臣臣, 부부父父, 자자子子와 같은 직분이 있으며 이는 가정의 발전 단계에 따라 조정된다. 위계와 규칙이 합당하게 구분된 가족 시스템 속에서 자녀는 안전하다고 느낀다. 집에서 협상이 가능한 대상은 누구인지, 누구의 규칙은 절대 깰 수 없는지, 누가 비교적 소통이 되는지, 어떤 신념을 누구에게 주장하면 효과적일지 등을 파악할 수 있고, 이런 예측 연습을 통해 사회 구성원으로 성장할 때 대인 관계를 어떤 방식으로 처리할지를 알 수 있다.

상처받은 아이는 외로운 어른이 된다

허용형 부모들은 종종 간섭을 너무 많이 하거나 지나치게 감정을 쏟는 바람에 자발적으로 아이의 생활에 말려든다. 아이의 인생에서 벌어지는 사건들을 자기 인생의 큰 사건으로 간주하기에 도저히 손을 뗄 수 없고 아이가 변화한다는 사실을 도저히 수용하지 못한다. 이렇게 과한 사랑을 받으면 자녀는 곤혹스러워하지만 동시에 자신이 굉장히 특별한 존재라고 느낀다. 이런 상태가 오래 지속 되면 특별한 관심을 얻고 싶어 하는 아이는 사회에 제대로 적응할 수 없다.

중요한 것은
사랑과 통제의 균형

허용형 부모는 사랑과 통제 중 한쪽에만 무게를 두어 불균형을 초래한다. 평범한 가정의 부모는 자녀에게 본보기가 될 만한 능력을 갖추는 동시에 자녀의 반항을 감수할 여력이 있으며 자신의 한계와 아이의 한계를 명확하게 이해한다. 하지만 허용형 부모는 "안 돼"라고 말하기를 두려워한다. 이미 지나치게 개인을 투영했기 때문에 "안 돼"라는 말을 마치 '너를 충분히 사랑하지 않아' 또는 '내 능력이 부족해'라는 말처럼 느끼고, 그 둘은 사실 아무 관계가 없다는 점을 깨닫지 못한다. 어떤 부모는 어린 시절에 받은 통제가 너무도 끔찍해 부모에게 받은

영향을 지우려는 일념으로 맹목적으로 아이를 허용하거나 방임한다. 아이에게 조금만 엄격하게 굴어도, 아주 작은 것을 요구하거나 약간의 도덕성만 주입해도, 그 순간 맹수나 독재자 같은 자신의 부모로 빙의될까 봐 겁내는 것이다. 따라서 자녀에게 평범한 질서를 부여하지 못하고 자신의 한계나 바람을 이해하지 못한 채 무의식 수준에서 나오는 통제를 가한다.

부모의 감정조절능력이 아이의 감정수용능력에 큰 영향을 끼친다

사실 몇 살이든, 삶의 어떤 단계에 있든 이러한 부모 자식 관계는 바뀔 수 있다. 부모나 아이 한쪽이 현 상황을 명료하게 깨달으면 얼마든지 가능하다. 부모는 자신에게 확신을 가져야 한다. 아무리 아이를 엄격하게 대해도 자신을 명료하게 인지하기만 하면 닮고 싶지 않은 부모의 모습으로 둔갑하지 않을 것이라고 믿어야 한다.

한편 자녀는 스스로 삶을 배우고 스스로 삶을 이어가며, 각자의 삶은 각자 책임지고 짊어져야 한다는 점을 깨달아야 한다. 부모님이 생을 마감하고 영면에 들 때 우리의 정신적 의존 대상이나 보호막도 함께 죽어서는 안 된다. 그래서 부모와 자녀 사이의 책임은 양쪽 모두에 있다. 부모가 자녀의 손을 놓지 않는 것은 아이의 암묵적 동의가 뒷받침되고 있기 때문이다.

부모와 아이 모두 자기 몫의 책임을 짊어지는 연습을 해야만 더욱 친밀한 관계가 될 수 있다.

가족에게 가장 꺼내기 힘든 말, 가장 거절하기 어려운 말, 가장
인정하거나 받아들이기 어려운 말은 무엇인가요?

"실망시켜서 미안해."

"힘들게 해서 미안해."

"빚을 져서 미안해."

"너를 ＿＿＿＿＿＿＿＿＿＿＿ 해서 미안해."

"너를 ＿＿＿＿＿＿＿＿＿＿＿ 해서 미안해."

"너를 ＿＿＿＿＿＿＿＿＿＿＿ 해서 미안해."

"너를 ＿＿＿＿＿＿＿＿＿＿＿ 해서 미안해."

오늘부터 나는 ＿＿＿＿＿＿ 사람이 되려고 해.

우리 같이 ＿＿＿＿＿＿하고, ＿＿＿＿＿＿ 지내자. 그래 줄래?

지난날의 아쉬움은 어제에 남겨두세요. 내일의 당신은 여전
히 사랑스럽고 사랑받을 자격이 있는 모습 그대로일 거예요.

꼬인 인생을 분풀이하다

─────── ✤ ───────

딸은 가장 쉬운 화풀이 대상이었습니다

"이 멍청아! 너 진짜 바보야? 도대체 할 줄 아는 게 뭐니?"

식당 한쪽에서 별안간 날카로운 고함이 들려왔다. 소리가 나는 쪽을 바라보니 두 아이의 엄마로 보이는 여성이 이어폰을 낀 채 한 손에는 태블릿 PC를 들고 다른 한 손으로는 작은딸에게 토스트를 먹이고 있었다. 그러다 갑자기 큰딸의 뺨을 후려친 것이었다.

이어폰 때문에 옆에 있는 손님들의 존재를 잊은 것인지 아니면 방어기제였는지는 알 수 없었지만, 그녀는 사람들의 시선을 아랑곳하지 않고 사춘기쯤 되어 보이는 큰딸을 훈육하고 있었다. 화가 치밀지만 대들지 못하는 큰딸은 안색이 새파랗게 질려 있었다. 아무렇지도 않은 작은딸의 표정을 보니 엄마의 갑작스러운 분노가 익숙한 것 같았다.

"하여튼 멍청해!" "너를 왜 낳았는지 모르겠다!" "어딜 째려 봐? 더 해봐! 제 아빠랑 똑같아서는!" 그녀는 끊임없이 옥박지르면서 또 때리려다 "가서 냅킨이나 가져와!"라고 마무리 지었다.

보다 못한 한 행인이 용기를 내 다가가 말했다. "어머님, 애가 무슨 잘못을 했는지 몰라도 이렇게 사람들 보는 앞에서 때리려면 안 되지요!"

고개를 숙이고 음악을 듣던 엄마는 충고하는 소리에 고개를 들고 젊은이를 빤히 쳐다봤다. "댁이 무슨 상관이에요? 얘가 원래 바보같이 미련하고 답답해요. 뭘 안다고 끼어들어요?"

사람들의 주목을 받게 된 소녀의 눈시울에 눈물이 가득 찼다. 소녀는 가뜩이나 숙인 고개를 더욱 푹 숙였다. 미련하다는 엄마의 말과 달리 소녀의 지적 능력에는 문제가 없어 보였고 차림새도 깨끗했다. 주변 사람들의 시선을 신경 쓰는 지극히 평범한 소녀였다. 엄마가 이렇게 망신을 주자 화가 나고 억울해서 눈물이 주르륵 흘러내렸지만, 엄마는 딸의 눈물을 본 체도 하지 않았다. 심지어 딸이 불쌍한 척하고 있다고 생각했다.

두 딸을 키우는 그녀는 화가 날 때마다 딸에게 분풀이를 했다. 딸이 미련하고 배려심이 없다고 나무랐고, 자신의 남자친구를 기쁘게 할 줄 모르고 철없는 실수를 반복한다고 화를 냈다. 사실 그녀는 젊은 나이에 딸 때문에 발이 묶여버린 자기 인생

상처받은 아이는 외로운 어른이 된다

에 더 화가 났다. 하지만 딸에게 실컷 분풀이하고 욕을 퍼부을 뿐 과거에 저지른 황당한 잘못과 제멋대로 살아온 젊은 시절 그리고 사람을 잘못 본 자기 자신을 직시하지 못했다.

기분이 좋을 때면 하녀 부리듯 딸에게 이것저것 시켰고 도 덕이라는 굴레를 씌워 효도를 강요했다. 기분이 좋지 않으면 딸에게 모욕을 주고 방자하게 굴지 말라며 자기 인생이 이토록 비참한 건 다 너 때문이라고 말했다.

왜인지 그녀는 딸을 싫어하면서도 딸을 붙잡고 늘어졌다. 무 능한 딸이 싫으면서도 그 무능함이 필요했다. 딸이 무능해야 자신이 힘 있는 존재가 될 수 있기 때문이었다. 그녀는 존경받 고 싶었고 높은 곳에서 사람들을 내려다볼 수 있는 마음의 안 식처를 찾고 싶었다. 어느 날 딸이 우수해지거나 대단한 사람 이 되거나 자신을 압박할 만큼 너무 행복한 인생을 살게 된다 면 더 이상 딸에게 모욕을 줄 이유를 찾지 못하게 될 것이고 그 때는 "너 때문에 내가 불행해"라는 말로 딸에 대한 자신의 행동 을 합리화할 수 없을 것이다.

첫 남자친구 사이에서 딸을 얻었을 때는 부모가 되는 일을 꿈결처럼 생각했다. 하지만 생활고에 시달리고 원망을 발산할 곳이 없자 생활은 엉망진창이 되었고 서로를 비난하고 탓하는 것이 일상이 되었다. 둘 다 책임지려는 마음이 없었고 어떻게 하면 이 애물단지를 떨쳐버릴 수 있을지만 계산했다. 아이를 입양 보낸 당일 그녀는 돌연 마음이 약해져 울면서 아이를 도로 데려왔고 남자친구는 그 결정을 무시하고 곧바로 떠나버렸다.

아이를 데려오고 며칠 동안은 평화로웠지만 신생아를 키우는 일은 순간순간 솟는 모성애만으로 해낼 수 있는 일이 아니었다. 아이는 걸핏하면 칭얼댔고 젖을 먹이기도 쉽지 않았다. 종일 똥오줌 기저귀를 가는 날을 반복하다 보니 산후우울증이 찾아왔다. 딸을 사랑하면서도 한편으로는 미워했다.

어렸을 적 엄마가 자신을 혹처럼 여기던 것과 같았다. 자신은 아이를 사랑하기에 엄마와 달리 아이를 잘 키울 수 있을 것이라 확신했지만, 오히려 엄마를 향한 원망과 박탈감으로 영원히 아이에게 잘 해줄 수 없었다.

'나는 정말 수치스러운 엄마야!' 그녀는 늘 마음속으로 이렇게 생각했다.

부끄러움과
수치심 차이

대인과정이론에서는 부끄러움을 가장 알아차리기 어려운 감정이라고 본다. 알아차려도 잠시뿐이다. 부끄러움은 사람을 가장 숨게 하고 부정하고 싶게 하는 감정이기 때문이다. 자기 내면의 울음소리를 듣지 못하는 엄마는 아이의 울음소리도 들

상처받은 아이는 외로운 어른이 된다

지 못한다. 엄마가 아무리 부끄러운 경험을 무의식 속에서 잘 처리하려고 노력해도 그러지 못한 채로 다음 세대에게 전해지는 것이다.

부끄러움은 수치심과는 다른 무척 특별한 감정이다. 수치심은 수치스러운 면을 고치고 싶은 열망으로 이어지지만, 부끄러움은 둘 중 하나의 노선을 걷게 한다. 1. 엉뚱한 행동을 오히려 늘린다. 2. 아예 숨어서 세상과 격리한다.

그래서 조금 더 적극적인 변화를 가져오고 행동하게 하는 감정은 수치심이다. 이것은 '예의염치禮義廉恥가 없으면 나라가 망한다'는 말에서도 드러난다. 국가를 유지하는 네 기둥 중 하나인 '치恥, 부끄러울 치'는 적극적으로 사회 질서를 수호하는 역할을 한다. 따라서 예의염괴愧, 부끄러울 괴가 아닌 예의염치인 것이다. '치'는 그 자체로 행동에 변화를 가져오는 동력이 있지만 '괴'는 그렇지 않다.

어릴 적 경험을 떠올려보자. 우리가 무언가를 잘못했을 때 기대를 접지 않는 부모는 잘못을 바로잡아 다시금 사랑받을 기회를 준다. 이것은 수치감을 줘서 잘못을 교정하도록 이끄는 방법이다. 하지만 부끄러움은 다르다. "어디 가서 내 자식이라고 하지 마라" "너 때문에 창피해 죽겠다" "네가 집안에 먹칠했다" "너 때문에 밖에 나가서 고개를 못 들고 다니겠다"라는 식의 '네가 나를 이미 어떻게 하였다' 같은 화법 앞에서 자녀는 저항할 수도 잘못을 바로잡을 수도 없다. 오히려 뭐라고 말할 입지를 잃어버리고 뭔가 바꾸고 싶은 의욕도 사라진다. 부끄러움은 이렇게 자라난다. 부끄러움을 느끼면 스스로를 격리하고 단절하고 세상의 눈에 띄기를 거부한다.

한자 모양에서도 이런 차이가 드러난다. 치恥는 귀 이耳에 마음 심心 자로 이루어졌다. 어떤 말을 들으면 마음속에 남는다는 의미이다. 하지만 귀愧는 마음 심에 귀신 귀鬼가 만나 사람 마음이 귀신에게 향하고 있음을 의미한다. 어떤 말이 마음에 걸리면 신경 쓰게 되고 신경이 쓰이면 만회할 방법을 찾게 된다. 하지만 부끄러움은 깊은 곳에 숨기고 다시는 쳐다보고 싶지 않은 감정이다. 마치 두려워서 머리를 땅속에 파묻는 타조처럼 변화를 마주하지 못하게 한다. 한 사람이 마음속 깊은 곳에서부터 자신이 나쁜 사람이라고 생각해서 마음을 들여다보지 않고 외부와 접촉을 꺼린다면, 문제를 마주하거나 해결하기가 무척 어려워진다.

안타깝게도 상처받은 경험은 수치심이 아닌 부끄러움을 강화한다. 부끄러움은 우리가 자신에게 기대하는 긍정적인 욕망에 반하는 감정이다. 부끄러움을 자주 느끼는 사람은 타인과 유대를 형성할 때 비뚤어진 행동을 한다. 이런 경험을 통해 끊임없이 자신이 나쁘다는 것을 증명한다. 사례 속 엄마도 마찬가지다. 양육을 통해 새롭고 긍정적인 경험을 하고 싶었지만 현실의 어려움 때문에 분노에 짓눌렸다. 자신의 불행한 과거에 비하면 아이에게 따귀 한 대 올려붙이는 일이 그리 대수일까?

마음속 깊은 곳에 도저히 넘을 수 없는 벽이 있었기에 자기 소행을 합리화하면서도 스스로 나쁜 사람이라고 느꼈다.

'나는 어렸을 때 아빠도 엄마도 없었고 커서는 남편에게까지 버림받고도 딸을 버리지 않았는데 좀 때렸다고 그게 잘못이야?' 사람의 마음이 2~30년 동안 이런 부정적인 경험 속에 놓이면 좋은 경험을 만나더라도 누릴 자격이 없다고 생각하게 된다. 여전히 자신의 보호를 갈망하는 딸과의 관계도 망가질 것이다. 딸은 엄마에게 한 번 또 한 번 기회를 주면서 엄마가 달라질 기다리겠지만, 엄마가 혼자 힘으로 성장하기 전까지는 목마른 혈육의 정을 얻을 수 없을 것이다. 설혹 얻는다고 해도 안정적이지 않은 일시적인 대우일 것이다.

타인에게 가하는 투사는
회복 의지를 내포한다

여기서 '재양육 re-parenting' 개념이 등장한다. 마음의 소리에 귀를 기울이며 성장하는 사람은 드물기에 마음의 소리를 들으며 나와 대화해주는 타인도 드물다. '나는 형편없어' '나는 별로야' '나는 쓸모도 없는데 아닌 척 위장도 못해'라고 생각하는 사람은 자괴감을 감당할 수 없는 지경이 되면 이를 외부 세계로 던져버린다. 그 후에는 다음과 같은 심리 상태가 된다. '다 너 때문이야!' '내 인생은 왜 이렇게 비참하지?' '도무지 좋은 일이 생길 것 같지 않아!' '어떻게 내게 행운이 따를 수 있겠어?'

내면의 균형을 잡으려고 일어난 투사가 뜻밖에도 외부 세계를 오독한다. 자신이 달라져야 한다는 사실을 자각하지 못하면 이런 생각은 마음속에서만 그치지 않고 타인을 함부로 대하는 에너지가 된다.

한 사람이 자기 인생의 약점이나 상처를 타인에게 강력하게 투사하면 어느 정도 회복을 얻게 된다. 예를 들어 어린 시절에 겪었던 부당한 대우를 자녀에게 그대로 하는 엄마는 충고를 건네는 사람들에게 이렇게 말할 것이다. "옛날에 나는 거꾸로 매달려서 두들겨 맞았는걸요? 이미 많이 봐줬는데 나더러 뭘 어쩌라고요?" "수학여행이 다 뭐예요? 옛날에 나는 수학여행 얘기를 꺼냈다고 엄마한테 입을 다 맞았어요. 그에 비하면 난 양반 아닌가요. 따귀만 두어 대 때리고 보내줄 생각이에요. 어떻게 생각하세요?"

상처받은 아이는 외로운 어른이 된다

현 수준의 연구에 따르면, 마음의 상처는 아이의 발달 장애 요소로 작용합니다. 특히 신체 학대를 받은 아이들의 전두엽 피질은 수축되어 있지요. 대뇌와 신체는 연결되어 있기 때문에, 이런 경우 외부 세계를 왜곡하여 해석하거나 충동을 억제하지 못할 수 있습니다. 그럴수록 우리는 상처의 근원을 자세히 알고 상처 입은 사람의 온전한 모습을 그려내야 비이성적인 해석을 막고 또다시 거부당하거나 받아들여지지 않는 고통을 겪지 않게 할 수 있습니다.

상담실에서 완벽한 엄마가 되고 싶은 욕망과 학대 사이에서 방황하는 사례를 자주 만납니다. 그런 분들에게는 먼저 어릴 적 사랑받지 못했거나 소중하게 대해지지 않았던 경험을 이야기해보고 받아들일 수 있도록 질문합니다.

"딸에게 가혹한 말을 하는 것을 보니 과거에 자신에게 얼마나 가혹하게 굴었을지 상상이 됩니다."

"이토록 비정한 말을 하는 것을 보니 누군가 당신을 비정하게 대한 적이 있군요?"

"당신이 아이에게 뱉은 독한 말을 누군가 당신에게 한 적이 있나요?"

"과거의 어떤 경험 때문에 딸이 좋은 아이라는 점을 받아들일 수 없나요?"

나의 경험을 쉽게 건너뛰려 하지 마세요. 경험은 한 사람이 소유할 수 있는 사치품이거든요.

상처받은 아이는 외로운 어른이 된다

자식의 해결사 노릇을 하다

———— ✵ ————

아들의 날개를 꺾었다는 걸 몰랐습니다

"학교에서 잘 설명해주면 되지 왜 애를 혼내나요?"

"선생님이 애를 타이를 줄 몰라요?"

"한 번 말해서 못 알아들으면 여러 번 말씀해주셔야지요."

"우리 애를 이 학교에 보낸 게 후회되네요. 학교에서 잘못 가
르쳤다고요!"

엄마가 선생님에게 퍼붓는 불평들은 어릴 때부터 지겹도록
들어온 말이었다.

엄마는 아들을 위해 싸움에 돌입하면 체면이나 예의를 전혀
차리지 않았다. 어떤 상황에서도 무조건 전쟁터로 나갔다. 열일
곱 살 아들은 아직도 엄마 등 뒤에 숨어서 엄마가 자기를 대신
해 싸우게 했다. 한편으로는 엄마의 보호를 즐겼고 다른 한편

으로는 자신이 쓸모없다고 생각했다. 그렇다고 해도 이제 와서 오랫동안 이렇게 살아온 엄마를 어떻게 할 재주는 없었다.

학교를 마치고 집에 돌아와 학교에서 있었던 시시콜콜한 이야기를 털어놓을 때마다 어김없이 엄마의 예민한 성질을 건드렸다.

"네 옷에 낙서한 걔 누구야?"

"9반에 우홍이. 그냥 장난치다 그런 거야!"

"어떻게 교복에 그럴 수가 있니? 걔 부모님께 따져야겠다. 아주 못 쓰겠네!"

"엄마 그러지 마. 진짜 장난치다 그런 거야. 얼마나 좋은 앤데. 나랑 되게 친해!"

"아들! 걔가 너 괴롭히는 거 모르겠어? 지난번에는 가방에다 욕설을 써놓더니 이번에는 또 교복에 낙서를 했잖니! 너는 어쩜 그렇게 순진하니?"

"엄마가 자꾸 이러면 이제 엄마한테 아무 말도 안 할 거야!" 아들은 화가 나서 씩씩거렸다.

"그러면 걔 부모님한테 전화 안 하고 담임한테 말할게! 담임은 뭐 하느라 이런 상황도 몰라??"

아들은 체념할 수밖에 없었다. 왜 선생님까지 끌어들이려는 걸까? 늘 듣고 싶은 것만 듣는 엄마는 아들이 친구들과 우르르 몰려다니며 짓궂은 장난을 치는 즐거움, 공공기물을 망가뜨리고 도망치는 짜릿함을 이해하지 못했다. 착실한 모범생이기를 바라는 엄마를 아들은 오래전부터 견딜 수 없었다. 이번 일은 선생님이 매일 알림장을 쓰라고 한 것이 도화선이 되었다. 그것이 엄마의 기준을 건드렸다.

"말해봐. 너 글씨 쓰면 손 아픈 거 선생님이 알아 몰라? 왜 너를 이렇게 몰아붙여? 엄마가 전화 걸어야겠다." 아니나 다를까 엄마의 전화는 온 교무실 사람들을 두 손 두 발 들게 했다.

"선생님, 이렇게 매일 알림장을 쓰라고 강요하시면 애 손이 아프잖아요. 발육에도 안 좋아요."

"어머니, 그 나이에는 많이 움직여야 해요. 손을 움직이면 두뇌 발달에도 좋고요. 그리고 알림장 정도는 초등학생도 매일 쓰는걸요."

"지금 우리 애가 초등학생만도 못하다는 말씀이신가요?"

"어머니, 그런 뜻이 아니고요. 알림장은 가장 기본적인 과제예요. 게다가 아드님은 청소도 열심히 하지 않는데……."

"그러면 선생님이 청소를 똑바로 하게 잘 감시했어야죠! 밀린 알림장을 한꺼번에 다 써오라는 선생님이 어디 있어요?"

"어머니, 그러니까 매일 해야 하는 숙제를 미루면 안 된다고 가르치려는 겁니다."

"애가 다 할 때까지 일일이 지켜보시면 되잖아요. 선생님이 본분을 다하지 못해놓고 애한테 책임을 전가하는 건가요? 우리 애가 만만해요? 그래서 이렇게 갑질하는 거예요?" 엄마는 점점 언성을 높였다.

누가 들어도 어처구니없는 주장이었다. 교무실 선생님들은 커피잔을 들고 무심하게 담임 곁을 스쳐 지나갔지만 속으로는 똑같이 외치고 있었다. '맙소사! 완전 진상 학부모잖아?'

적어도 집안에서 아들은 엄마의 없어서는 안 될 동지였다. 아들은 엄마의 스트레스를 잘 알았다. 엄마는 늦둥이로 그를 어렵게 얻었다. 그를 낳기 전에는 각종 기념일과 명절마다 시댁에서 위로를 가장한 평가를 들어야 했고, 결국 우울증을 앓게 되었다. 다니던 외국계 회사도 그만두고 집에서 요양을 하다가 거의 지쳐서 포기할 때 즈음 그를 낳은 것이다.

하지만 그는 어린 시절부터 몸이 약하고 병치레가 잦았다. 엄마 아빠를 포함한 어른들은 기대 속에서 어렵사리 얻은 유일한 손자가 잘못될까 봐 전전긍긍했고, 그는 온 가족의 관심과 애정과 기대를 한 몸에 받으며 여러 가지 혜택도 누렸다. 그가 어른들의 관심을 받을수록 엄마의 위상이 높아졌다. 아들이 엄마의 입지를 지켜주면서 모자는 더욱 긴밀하게 연결되었다. 그는 오랫동안 우울증에 시달린 엄마가 가여워서 기분을 맞춰주고 공감해주며 엄마를 기쁘게 해주려고 노력했다.

어릴 때부터 아버지는 없는 사람이나 마찬가지였다. 그는 중요한 순간마다 가족들 앞에서 고개를 숙이는 아버지가 마음에 들지 않았다. 오랜 기간 베트남에서 일하면서 집에는 돈만 보내오고 휴가 때 잠깐 얼굴을 비치는 것도 싫었다. 그는 아버지와 정서적 유대가 거의 없는 대신 엄마와 사이가 너무 끈끈했

상처받은 아이는 외로운 어른이 된다

다. 그런데 아들이 사춘기에 접어들자 모자간의 특별한 사이는 넘기 버거운 벽이 되었다. 아들은 여전히 엄마가 필요했지만 엄마가 자신을 위해 누군가와 싸우게 하고 싶지는 않았다.

타인의 눈빛에서
나를 발견하다

아이가 세상에 태어나면 반년 정도는 엄마와 한몸처럼 붙어 지낸다. 그 기간 동안 아이는 아직 피아를 구분하지 못한다. 아이가 엄마의 젖꼭지를 아프게 물어 엄마가 아이를 밀어낼 때 아이는 처음으로 '엄마와 나는 다른 존재구나' 하고 명확히 깨닫게 된다. 주체와 객체가 분리되는 첫걸음이다. 그 후 아이는 시력이 생기면서 초점이 뚜렷해지고 고개를 가누고 기어 다니고 물건을 잡거나 움켜쥐고 싶은 욕구가 나타나면서 이 세계와 자신이 분리되어 있음을 천천히 깨닫는다. 그런데 '나'는 대체 무엇일까?

아이의 초기 자존심은 전적으로 다른 사람의 시선에서 생겨난다. "정말 사랑스러워" "무척 똑똑하구나" "정말 착한 아이야" 등 사랑의 언어로 지지받는 아이는 긍정적인 감각을 발전시킨다. 반면 "네가 창피해" "너는 쓸모없어" 등의 부정적인 언사만 듣는 아이는 자신에 대해 부정적인 감각을 키운다. 아이들은 타인의 평가를 통해 자아감을 서서히 키워나가고 자존감과 자신감을 구축한다.

심리학과 양육 지식이 보편화되면서 우리는 세계의 다양한 양육법을 받아들이게 되었다. 지금의 '나 세대Me generation'는 자녀의 자아실현과 자존감을 가장 중시한다. '나 세대' 논의를 이끈 진 트웽이Jean M. Twenge 박사는 1980년 이후에 태어난 세대가 그 어느 세대보다 불쌍하다고 말한다. 그 이유는 "진정한 자아실현이란 어느 정도 타인에 대한 약속 이행에 기초하기 때문"이다. 자신에게만 집중한 나머지 사회적 책임을 회피하고 다른 사람과 유대나 관계를 형성하지 않는다면 좌절이나 불안이 더 쉽게 찾아온다. 이런 상황이라면 자아실현 욕구는 더욱 충족되기 어려워질 것이다.

그렇다면 어떻게 타인과 건강한 유대를 맺고 자신감과 자존감을 키울 수 있을까?

아이들은 대부분 착한 아이로 보이길 바라지만 착하게 보일 만한 기회가 없다면 차라리 못된 아이로 보이길 바란다. 나쁜 아이가 무시당하는 아이보다 낫기 때문이다. 사람마다 원하는 사랑의 방식이 다르다. 어떤 사람은 사랑받고 싶어서 공평하고 정의로운 행위를 계속하고, 어떤 사람은 사랑받고 싶어서 끊임없이 잘못을 저질러 곁에 있는 사람과 시비를 다툴 기회를 얻는다. 어떤 사람은 늘 다른 사람을 고민에 빠지게 하고, 어떤 사람은 시시콜콜한 실수를 거듭해 주변 사람들을 걱정시키고 그들이 지도자의 관점에서 자신의 인생에 참여하도록 공간을 남긴다.

사랑하고 사랑받는 관계는
스스로 만드는 것

관계는 자리 바꾸기 게임과 비슷하다. 두 형제 중 장남이 반항하고 엇나가면 둘째는 보통 부모 속을 그다지 썩이지 않는다. 한 집에서 두 아이가 연달아 사고를 친다면 아마도 가정 전체가 위태로워질 것이다.

둘째는 자기 능력치와 상관없이 어느 정도 가족의 기대를 떠안을 것이다. 마지못해 형식적으로나마 기대에 부응하려 할지도 모른다. 이렇게 가족 안에서 발현되는 동력을 '상호보완'이라고 한다. 이 개념은 어디에나 존재하며 한 가정의 균형을 유지하는 중요한 열쇠다.

만약 첫째의 씀씀이가 헤프다면 누군가는 반드시 '이렇게 돈을 헤프게 쓰다가는 가산을 탕진하지 않을까?'라고 걱정하게 된다. 이때 부모는 한편으로 첫째가 돈을 펑펑 쓰도록 내버려 두면서 다른 한편으로 둘째에게 자신의 걱정과 기대를 동시에 내비치며 첫째의 전철을 밟지 말라고 경각심을 일깨워준다. 이때 둘째가 비교적 성숙하고 능동적인 타입이라면 가족 안에서

형과 다른 위치를 차지하려 노력할 것이다. 이런 경우 대부분 욕망을 절제하고 과소비를 지양하고 과도한 근검절약 정신을 길러 미덕을 전승하려 하지만, 마음 한구석에서는 첫째를 부러워한다. 아무리 형제자매라도 성격이 판이한 이유가 바로 여기에 있다. 아이는 늘 자신만의 특징과 개성을 갖추어야 하기 때문이다.

하지만 어떤 아이는 외부 시선을 지나치게 의식한 나머지 자꾸만 남을 따라 하다가 자신의 진짜 모습을 아무도 알지 못하는 지경에 이르기도 한다. 이런 유형의 아이는 대인 관계에서 다양한 전략을 사용할 줄 안다. 예를 들면 타인의 욕구를 흡수하기, 끝없이 농담하기, 불편한 상황에 놓이면 도망가기, 문제가 생기면 남 탓이라고 말하기 같은 전략이다. 말꼬리를 잡거나 화제를 딴 데로 돌리는 방식으로 다시금 권력을 잡기도 한다. 이 방법들은 모두 자신의 존재감을 드러내준다. 우리 모두 이러한 대인 관계 전략을 갖고 있지만 그중 하나를 지나치게 자주 사용하면 상황과 상관없이 경직된 사고를 하게 된다. '모든 문제는 언제나 남이 초래한 거야. 남이 나에게 미안할 짓을 한 거고 나는 영원히 피해자야'라는 정서에 빠질 수 있다. 하지만 인생의 결론을 이렇게 내렸다는 것 자체가 이미 경직된 역할 속에서 살고 있다는 증거다.

상처받은 아이는 외로운 어른이 된다

선택할 수 있는
역할은 많다

이런 역할은 외부 세계와 상호작용하기 위한 것이다. 같은 역할을 계속해서 연기하다 보면 인생에서 다른 선택의 여지를 잃게 된다. 사례 속 엄마도 그렇다. 그녀는 아들과 자신이 영원한 피해자이며 반항할 힘이 없다고 생각해서 자꾸만 아이의 인생에 개입했다. 아들이 스스로 날 수 있는 능력을 갖추길 바라면서도 한편으로는 아들의 날개를 꺾었고 "가여운 것"이라고 말했다. 날개를 꺾은 가해자가 자신이면서도 정작 자신은 아무것도 모른 채 손바닥으로 하늘을 가리고 아들을 무능한 사람으로 성장하게 했다.

이제 아들의 숙제는 엄마가 자기 삶에 참견하지 못하게 막는 것이 아니라 엄마가 잃어버린 인생을 찾을 수 있게 도와주는 것이다. 또 엄마가 서서히 친구 사귀는 즐거움, 자기 생활을 누리는 즐거움을 알아차리게 하고, 자신도 그것을 원한다는 점을 이해시켜야 한다. 그리고 이렇게 말해야 한다. "이제 저는 다 컸고 무엇이든 혼자서 할 수 있어요. 제 능력을 믿어주세요. 그리고 이렇게 어른이 된 저를 위해 진심으로 기뻐해주세요." "저도 스스로 판단하고 책임질 줄 알아요." 그렇게 조금씩 천천히 엄마와 아들 사이에 경계선과 신뢰를 구축해야 할 것이다.

엄마는 늦은 나이에 아들을 얻은 그 순간부터 지금까지 내내 아들을 갓난아기로 대하고 자기 삶의 전부로 여겼을 것입니다. 아들이 진작 훌쩍 커버렸다는 사실도, 친구를 사귀고 연애하고 곧 자기만의 생활을 가질 것이라는 사실도 똑바로 받아들일 수 없었을 것입니다. 자녀는 인생의 구원자가 아닙니다. 자녀를 대신해 앞에 나가 싸워줄 필요는 더욱 없습니다. 아들과 엄마는 서로를 놓아줄 필요가 있습니다. 그래야만 건강한 모자 관계를 유지할 수 있습니다.

누구에게나 과거와 죄책감을 넣어둘 자기만의 방이 필요합니다. 인생의 모든 경험이 순조롭진 않기 때문이죠. 만약 그렇다면 사는 게 너무 지루할 거예요.

아무에게나 기대고 실망하다

엄마의 언어폭력에서 벗어나고 싶었습니다

"여보세요. 나 지금 요가 중이거든, 이따 전화할게." 데비가 살금살금 통화를 마치고 아무 일 없던 듯 다시 요가에 열중했다.

"누군데? 너 또 연애하는구나?" 에이미가 이미 다 알고 있다는 듯 말했다.

"이따가 말해줄게. 우선 수업부터 하자!" 태양 경배 자세를 취하고 있는 데비가 숨을 내뱉으며 말했다.

"오호라! 이번에는 절대 그냥 안 넘어간다!" 늘 데비의 연애사를 캐내려 하는 에이미는 샤워를 하면서도 슬쩍 질문을 이어갔다. "그래서 누군데? 또 어딜 가서 남자를 만난 거야?"

"누구긴 누구겠어. 마틴이지!" 데비는 헤어드라이어로 머리카락을 말리면서 아직 샤워실에 있는 에이미에게 큰 소리로 대답했다.

"뭐? 저번에 너한테 몹쓸 짓 했던 그놈?"

"일단 나와서 말해. 소리 지르지 말고!" 바깥에 쳐다보는 사람이 많아서 조금 곤란해진 데비는 아무렇지 않은 척 계속 머리카락을 말렸다.

"그 사람 지난번에 길바닥에 네 물건을 던졌잖아?" 요가 학원에서 나오면서도 에이미는 끊임없이 추궁하듯 물었다. 이제 데비는 간절하게 집에 가고 싶었다.

"너 때려놓고 무릎 꿇고 빈 일은 또 어떻고. 완전 막장 드라마인 줄 알았다니까! 너 설마 기억 안 나?" 에이미는 절대 단념하지 않겠다는 듯 끈질기게 물었다.

"너 말이야, 생각하고 만나야지. 사귈 때부터 너를 그렇게 대하는데…… 어휴……." 주차장으로 가는 길에서도 에이미는 쉴 새 없이 말했다.

"넌 너무 착해서 탈이야. 나였으면 진작 잘라버렸을 텐데. 그 남자한테 대체 무슨 매력이 있기에 그래?"

"됐네요. 신경 끄세요!" 황당해하고 의심스러워하는 친구에게 데비는 대답 대신 그저 어색하게 웃어넘길 수밖에 없었다.

데비는 비혼·비출산주의자다. 연애를 시작할 때 반드시 이 신념을 밝혔고 결코 상대방에게 미련을 두지 않았다. 그런데 이번에는 어쩐 일인지 이 나쁜 남자에게 꽤 집착하고 있었다.

데비는 전 남자친구와 결혼을 약속했었다. 그런데 결혼식 전날 다른 여자가 자신의 아이를 가졌다는 사실을 알게 된 남자친구는 파혼을 하고 아빠 노릇을 하러 떠나버렸다. 데비는 거의 자포자기 상태로 몇 번의 연애에서 내연녀 역할을 맡았다. 그러다 헬스장에서 지금 남자친구인 마틴을 만났다. 마틴도 자신처럼 비혼과 비출산을 고집했다. 서로 성향이 맞는 둘은 뜨거운 연애를 시작했다.

하지만 마틴이 유부남이고 딸도 있다는 사실을 뒤늦게 알게 되었다. 처자식은 현재 미국에 머물고 있어 매달 생활비까지 보내야 하는 기러기아빠였다. 데비는 마틴에게 무척 의존했다. 직장에서는 날카롭고 깐깐한 상사였지만 사랑 앞에서는 뱃멀미를 하듯, 뇌를 어디에 두고 온 것처럼 정신이 나갔다. 처음 사귀기 시작했을 때 마틴은 정서적으로 불안해 보였고 생활력도 좋지 않았다. 자주 뉴스나 시사 토론 프로그램을 보며 비판했고 여가 시간에는 주식투자를 하거나 해외여행을 떠났다.

친구들은 마틴의 이런 생활방식에 문제가 있다고 몇 번 귀띔했지만 데비는 깨닫지 못하고 남자친구에게 거듭 기회를 주었다. 데비는 마틴이 자신을 무척 이해한다고 생각했다. 기댈 만한 동반자라고 생각했기 때문에 친구들의 경고도 무시했다. 심지어 마틴을 자기 집에 들여 조건 없이 부양하기도 했다.

직장에서는 똑 부러지는 여성이 연애만 하면 바보처럼 변하는 데는 이유가 있었다. 언어폭력이 난무하는 가정에서 자란 데비는 열다섯 살에 우울증 진단을 받았다. 엄마는 데비를 병원에 데려갈 때마다 "창피해 죽겠다" "너 때문에 얼굴을 들고 다닐 수 없다"라고 말했다.

그 후부터 데비는 자신을 부끄럽게 여기기 시작했다. 당시에는 자신이 우울증에 걸린 것이 뜻밖이라고 생각했지만 자라면서 엄마의 언어폭력이 얼마나 깊은 영향을 끼쳤는지 깨닫게 되었다. 엄마는 데비가 악필이라고 나무랐고 시험 성적이 나쁠 때는 데비의 머리채를 잡고 벽으로 미는가 하며 "돈과 음식과 일용품을 축내는 쓰레기"라며 하루빨리 집을 떠나 먹고살 길을 찾으라고 했다.

학력이 짧은 엄마는 안정적인 직장이 없는 상태로 데비를 낳았다. 데비를 낳자마자 집에서 쫓겨나 경제적으로 무척 어려웠고 나라에서 주는 보조금으로 근근이 생활했다는 것을 데비도 알고 있었다. 하지만 아무리 사정이 어렵다고 해도 엄마의 행동을 모두 이해할 수는 없었다. 아이를 키울 여력도 없으면서 애초에 왜 낳았을까? 화풀이 대상으로 삼으려 했단 말인가?

엄마와 말다툼하면 마지막에는 결국 자신이 잘못했고 효도하지 못한 꼴이 되어서 마음 놓고 엄마를 책망할 수도 없었다. 엄마가 자신에게 생명을 준 것은 사실이었지만, 안타깝게도 엄마와 함께 있으면 씁쓸하고 괴로웠다. 친척들은 데비가 만족할 줄 모르고 엄마에게 대든다고 면박을 주었고 철이 없어서 어른들의 수고를 모른다고 비난했다. 이런 말들에 오랫동안 시달리다 어느 날 우울증이 발병했고 그 참에 겨우 쉴 기회를 얻어

상처받은 아이는 외로운 어른이 된다

아무것도 신경 쓰지 않기로 했다. 엄마도 데비의 권유를 받아 심리상담을 받고는 딸을 대하는 방식이 조금 나아지기 시작했다. 데비는 비혼과 비출산을 고집했고 일에서 성공을 거두기 위해 노력했다. 그렇지 않으면 엄마 같은 인생으로 전락할 것 같았다.

그런 데비에게 마틴은 구세주였다. 지난 몇 년 동안의 타락한 연애 상대들보다 마틴이 자신을 훨씬 많이 이해했다. 그저께 일만 봐도 그랬다.

"엄마랑 싸웠어. 엄마가 고집만 부리고 내 말을 듣지도 않잖아. 너무 화가 나!" 데비는 마틴에게 잔뜩 불평을 늘어놨다.

"으이구! 엄마랑 싸우지 마! 엄마도 너를 위해서 그러시는 거지. 우리한테 집이 생기면 더 이상 화내실 일도 없을 거야."

"응. 약속했다! 우리 집을 갖기로."

"물론이지."

마틴이 "물론이지"라고 대답한 모든 약속은 데비의 아름다운 꿈이 되었고 말만으로도 그 꿈이 벌써 실현된 것만 같았다. 데비는 엄마를 두려워하면서도 엄마의 기대를 채우고 싶어 하는 자신의 마음을 마틴이 완전히 이해한다고 믿었다. 데비가 엄마를 정말로 헐뜯으려는 것은 아니었다. 그저 답답해서 하는 투정이었다. 엄마와 싸울 때마다 마주해야 하는 엄마의 고집스러운 태도와 결국 자신이 능력 없는 쓰레기로 귀결되는 것이 달갑지 않을 뿐이었다.

아무리 직장에서 빛나는 성과를 내도 집에서는 최대한 참고 엄마 말을 듣는 척할 수밖에 없었다. 엄마의 비방과 모욕에 전혀 저항하지 못하는 그녀는 남자친구의 위로가 필요했고 마음을 기댈 곳과 정박지가 필요했다. 이런 의존성 때문에 데비는 현실을 전혀 인지할 수 없었다. 소울메이트라고 믿고 있는 남자친구가 사실 자신에게 빌붙고 자기 돈을 함부로 쓰고 심지어 폭력을 일삼는, 감정 조절 못하는 인간이라는 사실을 말이다.

우리가 습관적으로 투사적 동일시를 수행하는 본래 의도는 상대를 예상 가능한 상호작용 안으로 유인하기 위해서입니다. 그런 상호작용이 필요한 이유는 친해지기 위해서이기도 하고, 사랑이나 의리를 표현하고 싶어서 또는 예상할 수 없는 불안감이 두려워서이기도 합다. 상대방을 예측 가능한 틀 속으로 끌어들여 관계를 지속해 나가려는 것이죠.

이처럼 투사와 예측의 본래 의도는 불안을 차단하고 친근함과 안정감을 더해 서로의 호흡이 잘 맞는다는 것을 보여주기 위해서입니다. 하지만 이를 과도하게 사용하면 파악하지 못한 상대방의 진짜 모습이 자신에게 리스크로 돌아올 수 있습니다.

의존하는 사람들은 마음 깊이 '다른 사람이 진짜 나를 알아차리면 더 이상 사랑받지 못할 거야'라는 두려움을 가지고 있습니다. 때문에 상대방이 원하는 모습으로 위장해 관계를 확실히 유지하고 싶어 합니다. 우리 마음속에서 상연되고 있는 '두려움 극장'을 한번 들여다봅시다. 두려움은 어떻게 우리가 우리 자신을 잘 알지 못하도록 영향을 끼치고 있을까요? 마음속 '두려움 극장'에서 나타나는 몇 가지 화법이 있습니다.

혹시 이런 생각을 해본 적이 있나요?

□ 진짜 나를 알면 나를 싫어할 거야.

□ 진심을 말하면 미움받을 거야.

□ 나를 우선시하면 다른 사람이 상처받을 거야.

□ 내 중심으로 생각하는 건 이기심이야.

□ 요구하면 분명히 무시당할 거야.

□ 이의를 제기하면 배척당할 거야.

□ 너무 능력이 좋으면 불행질 거야.

□ 의존하지 않으면 이 관계를 잃게 될 거야.

□ 성취를 당당하게 나타내선 안 돼.

□ 즐기는 모습을 드러내면 안 돼.

□ 득의양양해서는 안 돼.

□ 칭찬받았다고 기뻐해서는 안 돼.

□ 기타 _____

그럼 이제 다음과 같은 형식으로 자기 자신에게 몇 가지 질문을 던져보세요.

"내가 _____ 하면 _____ 사람이 될까?"

"내가 _____ 하면 반드시 _____ 할까?"

상처받은 아이는 외로운 어른이 된다

□ 내가 남의 부탁을 거절하면 이기적인 사람이 될까?

□ 내가 독립하면 반드시 다른 사람이 상처받을까?

□ 내가 주변 사람보다 뛰어나면 반드시 안 좋은 일이 생길까?

□ 내가 이견을 표현하면 반드시 충돌이 생길까?

□ 내가 내 생각을 가지면 반드시 주변 사람이 기분 나빠할까?

□ 내가 다른 사람과 다르면 반드시 초조해질까?

□ 내가 호의를 받아들이면 반드시 나쁜 사람이 될까?

□ 내가 과부하 상태일 때, 쉬면 안 된다고 말하는 사람은 누구지?

□ 반드시 몸을 바짝 낮춰야 한다고 누가 그랬지?

□ 기타 _____

대화한다고 반드시 충돌하는 것은 아닙니다. 그저 다른 온도 속에 사는 사람과 만나 상호작용하는 것일 뿐이니까요.

3장 :

부부는
무엇으로 살고
또 멀어지는가

어린 시절의 역할을 반복하다

— ✳ —

엄마를 구해야 했던 아들이었습니다

햇살처럼 밝은 성격의 알렉스는 누구에게나 사랑받는 남성이었다. 약점이 있다면 너무 착하다는 것. 그는 누구에게나 친절하고 거절할 줄 몰랐다. 벨라는 감수성이 풍부하고 고민이 많은 여성으로 매사를 부정적으로 생각하고 미리 걱정하는 편이었다.

둘은 어느 봉사활동 단체에서 만났다. 벨라는 알렉스의 대범하고 이해심 많은 성격에 반했다. 알렉스는 벨라에게 보호 본능을 느꼈고 그녀를 구제해주고 싶었다. 둘은 점점 친해졌고 결국 사귀게 되었다. 햇살남 알렉스는 여자친구를 우울의 바다에서 끌어내고 싶어 구세주 역할을 자처했고, 벨라도 알렉스의 밝은 기운에 물들어 조금씩 달라지는 것 같았다.

하지만 사교적이지 않은 벨라는 알게 모르게 알렉스가 원래 영위하던 인간관계에서 멀어지게 했다. 소유욕이 강한 벨라는 자신이 알렉스라는 커다란 태양의 햇살을 받는 유일한 식물이기를 바랐고 언제나 더 많은 햇살을 머금고 싶어 했다. 그런 벨라를 위해 알렉스는 봉사단체와 배구 동호회, 배드민턴 클럽에서 탈퇴했고 휴일이면 함께 홈파티를 즐기던 친구들, 강아지를 산책시키던 반려견 동호회 사람들과도 멀어졌다. 처음에는 알렉스가 적극적으로 벨라를 어두운 방에서 끌고 나왔다. 하지만 시간이 흐를수록 벨라는 알렉스만의 햇살 가득한 일상을 붙들고 자신의 우울한 세상으로 끌어당기기 시작했다.

"주말에 배드민턴 치러 나갈까?"

"왜 자꾸 나가자고 해? 나 하나로 부족해?"

"무슨 소리야. 같이 서점도 가고 텔레비전도 봤잖아?"

"난 그냥 네가 나랑 더 많은 시간을 보냈으면 좋겠어. 이게 잘못이야?"

벨라가 그렇게 물으면 알렉스는 죄책감이 들었다. "알았어. 알았어. 너랑 같이 있을게."

타협은 했지만 그의 마음에는 한 가닥 불만이 있었다. 그래도 여자친구와 함께 있어 주기 위해 별말 없이 물러설 수밖에 없었다. 여자친구가 지나친 추측을 하며 괴로워하는 모습을 보고 싶지 않아서였다. 벨라가 외출하지 않을 뿐만 아니라 자기만의 좁은 세계에서 벗어나려 하지 않으니 알렉스의 세계도 덩

상처받은 아이는 외로운 어른이 된다

달아 좁아지기 시작했다. 이로 인해 두 사람 사이에 틈이 벌어졌다.

조각난 가정에서 자란 벨라는 관계에서 안전감을 느끼지 못했다. 그녀는 알렉스라는 햇살이 마치 영원히 시들지 않는 꽃처럼 한결같기를 바랐다. 알렉스가 자신의 시야에서 벗어나면 불안해졌다. 그녀에게 필요한 것은 안전한 울타리에서 벗어나지 않아도 되도록 자신을 영원히 구해줄 사람이었다.

알렉스에게는 우울한 엄마가 있었다. 엄마는 어린 알렉스를 데리고 자살을 시도했었다. 그 사건 이후 알렉스는 오직 자신만이 엄마를 구해줄 수 있다고 생각했고 자신이 밝게 자라면 엄마가 아빠의 가정폭력 속에서도 살아갈 동력을 잃지 않을 거라고 믿었다. 한동안 알렉스는 기꺼이 그 역할을 해냈고 엄마가 가정 외 생활을 누릴 수 있도록 각종 대외 활동에도 함께 참여했다.

그는 벨라를 우울에서 끌어낼 수 있다고 믿었고 어쩌면 벨라가 긍정적으로 바뀔지도 모른다고 기대했다. 하지만 벨라는 집에만 틀어박혔고 뭔가를 하려는 기운을 전혀 내지 못했다. 알렉스가 아무리 집안일 요정을 자처하며 모든 가사를 처리해도 그녀는 기뻐하지 않았다. 그녀와 사귀는 몇 달 동안 모든 사교 모임이 끊어졌고 주말이면 혼자만의 시간을 보내던 그 안락한 루틴도 사라졌다. 친구를 만나는 재미를 포기하고 모든 것을 쏟아부어 여자친구와 함께 있어주어야 했다. 하지만 그럴수록 여자친구가 자신에게 더 의존하려고 한다는 사실을 그는 몰랐다. 벨라는 '내가 괜찮아지면 날 떠나지 않을까?'라는 두려움을 키우고 있었다. 두 사람은 서로 마음을 터놓지 못하고 각자의 인생에서 원하는 역할을 수행하고 있었던 것이다.

투사와 동일시의 절묘한 조합

알렉스와 벨라는 스스로 이런 역할에 머무르고 싶어 했지만 나르시시즘과 콤플렉스가 공존했기 때문에 그 사실을 깨닫지 못했다. 자신과 역할을 동일시하면 그 역할에 맞는 상대를 관계로 끌어들이게 된다. 관계 안에서 자신이 수행해야 할 중요한 역할을 찾으면 그 역할을 충실하고 완벽하게 수행하기 위해 노력하는데, 그러다가 해당 관계와 역할이 끝나면 자신도 정말 덩달아 사라져버리는 것 같은 느낌을 받는다.

이런 관계는 서로의 역할을 암묵적으로 허용하는 일종의 공생관계다. 즉 서로가 이런 관계의 지속을 허용하는 것이다. 남들은 표면적인 모습만 보고 벨라가 알렉스의 앞길을 막고 밑빠진 독처럼 무한정 바라기만 한다고 여겼다. 하지만 겉으로 그렇게 보일지라도 그런 평가만으로 둘의 관계를 설명할 수는 없었다. 알렉스는 이 관계에서 선을 긋지 못했고 구세주 역할을 하느라 다른 일은 하지 못했다. 그러니 그의 고달픔도 결국은 그가 자초한 것이었다.

고통스러운 관계는
쌍방에 책임이 있다

알렉스와 벨라는 손바닥처럼 마주쳐야 소리가 나는 관계다. 예를 들어 누군가 상사에 대해 푸념을 한다면 우리는 어째서 상사가 당신에게 그렇게 행동하도록 내버려두는지 의문을 제기할 수 있다.

같은 이치로 만일 결혼한 남자가 "아내는 횡포가 심해. 무슨 일이든 자기중심적으로 처리한다니까"라고 털어놓는다면 우리는 그가 아내에게 횡포가 심하다고 표현한 적이 있는지, 그가 아내의 횡포에 어떤 방식으로 지지를 보내고 있는지에 대해 생각해봐야 한다. 그 답을 구하다 보면 고통스러운 관계의 책임이 쌍방에 있다는 사실을 금세 깨닫게 될 것이다. 당사자는 자기가 희생하고 봉사한다고 여기지만, 상대방은 그 희생과 봉사를 전혀 모르거나 오히려 그 속에서 즐기고 있을지도 모른다.

우리는 참고 견디면서 자기도 모르게 이런 상황이 지속되도록 부추긴다. 일테면 부부 싸움에서 한 명이 싸우려 들어도 다른 한 명이 무시한다면 싸움이라는 드라마를 연출할 수 없다.

한 명이 병이 나도 다른 한 명이 돌봐주기 귀찮다고 하면 환자와 간병인 역할은 성립될 수 없다. 어느 한쪽의 지지 없이는 그 어떤 시나리오도 실현될 수 없는 것이다.

그러니 누군가가 가까운 사람에 대해 푸념한다면 반드시 귀를 쫑긋 세우고 두 사람이 서로 어떻게 대응해왔는지 들어보라. 그러면 그들 사이에 서로가 원하는 극본이 있으며, 그 드라마는 양쪽 모두의 성취가 있기 때문에 지속됐다는 점을 알게 될 것이다.

관계를 구축할 때
자기 만족감이 생긴다

————

어느 한쪽이 친밀한 관계를 원하면서 자기 각본에만 맞춰주기를 바라면 두 사람은 가까워질 수 없다. 투사적 동일시는 이런 관계 속의 맹점을 지적한다. "내가 설계한 각본에 따른 역할만 하고 싶어. 너의 연출은 사절해. 만약 우리가 각자의 평행선위에 있으면서도 의기투합할 수 있다면 우리는 세상에서 가장 잘 어울리는 연인이 될 거야!"

정신분석학자 멜라니 클라인이 제시한 투사적 동일시 개념에 따르면 사람은 자신이 품은 판타지를 다른 사람에게 투사하고, 투사한 판타지 속의 모습을 상대방이 잘 연기하면 그것을

상처받은 아이는 외로운 어른이 된다

내면에서 조정하여 다시 받아들인다. 상대방이 나의 판타지를 잘 받아주면 친밀한 관계가 구축되지만 반응하지 않으면 투사적 동일시는 이루어지지 않는다.

투사는 본래 프로이트가 제시한 개념으로, 자기 내면에서 용납할 수 없는 부정적인 평가를 일방적으로 외부에 던져버리는 일종의 방어기제를 말한다. 반면 동일시는 일종의 수용이다. 때문에 투사적 동일시는 A와 B의 상호관계인 것이다. 예를 들어 당신이 옷을 대충 입고 외출하는 것을 창피해하는 사람이라면, 배우자가 옷을 갖춰 입지 않고 함께 파티에 가려고 할 때 무척 창피할 것이다. 아마도 "이런 자리에 왜 옷을 이렇게 입고 가느냐?"고 배우자에게 물을 것이고 이때 배우자도 창피함을 느껴 옷을 바꿔 입는다면 성공적인 투사적 동일시가 된다.

투사적 동일시는 모든 관계 중 배우자 대한 판타지에서 가장 많이 발생하며 종종 관심이나 사랑으로 포장된다. 하지만 그 배후에는 '내 뜻에 따르지 않으면 안 된다'는 메시지가 숨겨 있다. 이러한 강력한 메시지로 원하는 반응을 유도하기 때문에 상대방은 그에 따르지 않았을 때 죄책감을 느끼거나 심지어 사랑받지 못할까 봐 겁을 먹기도 한다. 이런 식의 친밀한 관계는 서로의 판타지 위에 지어지기 때문에 따르지 않으면 관계가 단절될지도 모른다는 스트레스가 뒤섞이게 된다. 즉 '너는 나, 나는 너'라는 원칙이 '너는 반드시 나를 이렇게 대해야 해. 그렇지 않으면 날 사랑하지 않고 날 이해하지 않고 내게 관심이 없는 거야'라는 기본값 위에 서 있는 것이다.

때로는 이런 지적과 원망이 모두 우리 내면의 그늘에서 나온다. 받아들여지지 않고 사랑받지 못하고 버려지거나 미움받고 심지어는 존재할 가치조차 없다고 느껴질 때, 이런 공포감은 배우자에게 투사되어 배우자 역시 하라는 대로 하지 않으면 허용되지 못하고 사랑받지 못하며 받아들여지지 않을 거라는 느낌을 똑같이 갖게 만든다.

어린 시절의 금기들이 현재의 관계에서 다시 작동하고 심지어 그로 인해 상대방의 가치를 부정하거나 상대방이 행동이나 감정으로 장단을 맞춰주길 바라는 것은, 투사와 동일시 사이에서 일어나는 상대에 대한 감정 조종이다.

아시아권 사회에서는 관계에서 느끼는 두려움과 기대를 터놓고 말하기 어려워합니다. 불만이 있을 때에도 마찬가지입니다. 토론하기보다는 주로 같이 밥을 먹는 등의 방법을 사용하지요. 밥상에 둘러앉아 함께 식사하면서 서로 앙금과 갈등을 풀기를 바랍니다.

그런데 사실 부딪히는 일은 나쁜 것이 아닙니다. 함께 식사를 하더라도 밥도 먹고 대화도 한다는 다짐을 견지하면 내면의 블랙홀을 마주할 기회를 얻을 수 있습니다. 내면의 블랙홀이란 인정받지 못함, 존중받지 못함, 무능하게 보일까 봐 두려움, 사랑받지 못할까 봐 두려움, 별종 취급당하는 심경 등을 포함합니다.

용기를 내서 한 발을 내디뎌 마음속 공포를 상대방과 나눈다면 말하지 않는 것보다 서로의 내면에 더 가까워질 수 있습니다. 나이가 몇이든 우리는 모두 관계의 파탄을 두려워하고 친분을 중시합니다. 연인, 가족, 친지 등 소중한 사람을 만나면 관계가 깨질까 두려워합니다. 슬픔, 상처, 단절을 무서워하고, 받아들여지지 않거나 별종으로 보일까 봐 걱정하고, 상대방이 나를 더 이상 사랑하지 않을까 봐 불안해합니다.

우리는 모두 똑같습니다. 가족의 반응에 풀이 죽고 내면의 자신에게 만족하지 못해 속상해합니다. 사랑받고 싶고 인정받고 싶어 하지만, 그러기 위해서는 먼저 자기 자신을 기꺼이 안아주고 인정해주는 위로가 따라야 합니다. 내 안의 햇빛은 물론 그늘도 안아주세요. 그 양면이 모두 당신이고 당신에 관한 것이라면 모두 아름다우니까요. 나를 피하는 당신의 눈빛에서 알 수 있어요. 그 안에 분명 이야기가 감춰져 있다는 것을요.

상처받은 아이는 외로운 어른이 된다

외도하는 배우자를 못 떠나다

✦

돈이 나를 탈출시킬 거라 생각했습니다

팍! 남편은 한 손으로 담배를 피우면서 다른 한 손으로 뺨을 후려쳐 그녀를 바닥에 쓰러뜨렸다.

"너 다시 말해봐! 다시 말해보라고! 또 한 번 참견해봐!"

"이번엔 누드모델이야?" 그녀가 참다못해 고개를 획 돌리며 외쳤다. "하다 하다 이제 상간녀 때문에 나를 때려? 나 진단서 떼올 거야. 당신이 어디까지 뻔뻔해질 수 있는지 똑똑히 볼 거라고!"

"그래 어디 해봐라! 망신살 뻗칠 일 있냐?!"

"국회의원 와이프가 이렇게 궁상맞게 산다고 다 폭로할 거야!"

네 살 난 아이는 이 모든 상황을 눈에 담았다. 아빠가 이토록 엄마를 거칠게 대하는 것을 보고는 놀라서 소리치다가 결국 울음을 터뜨렸다.

그녀가 끝까지 원하지 않았던 장면이었다. 최근 몇 년 동안 참고 또 참으며 아이에게 이런 모습을 보이지 않으려고 애썼다. 그 이유는 단 하나, 아이에게 온전한 가정을 주기 위해서였다. 그런데 남편이 때린 이 따귀로 애써 지켜온 단란한 가정이 한 방에 부서졌다.

"애가 보고 있는데…… 분명히 말할게. 이혼해!"

"창피한 건 당신이지 내가 아니야. 마음대로 해! 그래봤자 당신한테 남는 거 아무것도 없어."

남편은 문을 박차고 나가버렸다. 그날 밤 남편은 또다시 집에 돌아오지 않았고 그녀는 무척 마음이 아팠다. 아이를 안고 밤새 울었다. 아이도 따라 울며 말없이 엄마 품에 꼭 붙어 있었다. 그날 밤은 부부 관계의 악성종양에 잠시 쉬어 가는 쉼표였을 뿐 내일 잠에서 깨어나면 또 다른 악몽이 시작될 것이었다.

그녀는 남편이 다른 여자 때문에 자신에게 손찌검을 할 거라고는 상상도 못했다. 한두 해 참아온 것이 아니니 내연녀의 존재 자체는 놀랄 일도 아니었다. 남편이 자신도 이 가정도 사랑하지도 않는다는 것을 그녀도 알고 있었다. 남편은 단지 시어머니와 중매쟁이의 말에 따라 결혼했을 뿐이었다. 신혼 때는 남편에게 무척 고마웠다. 좋은 집, 좋은 차, 돈과 재력, 시댁의 권세…… 이 모든 것이 다 꿈만 같았다. 모두 그녀가 간절히 원

상처받은 아이는 외로운 어른이 된다

했던 것들이었다. 당연히 만족스럽지 않을 이유가 없었다. 결혼을 앞두고 남편의 상습적인 외도를 어렴풋이 눈치챘지만 원만한 가정이라는 환상에 눈이 가려져 심지어 남편을 은인처럼 섬겼다. 처음부터 불평등한 관계였다.

'다 내 탓이야. 당해도 싸지. 감히 오르지도 못할 나무를 쳐다봤으니…….' 그녀는 자신이 한없이 추악하고 미천한 것 같았다.

결혼 적령기의 여자들은 종종 결혼 때문에 자신을 속인다. 상대가 상습적으로 바람을 피워도 눈을 감고 식을 올린다. 친정에서도 딸이 시집가면 주워 담을 수 없는 일로 생각해서 개입하지 않는다. 좋은 사람에게 시집가면 안심이고 좋은 사람을 만나지 못해도 최소한 굶지는 않겠지 생각한다. 혹여 시가에서 억울한 일이나 착취를 당해도 당사자끼리의 일이라는 게 친정의 입장이다. 그래서 남편이 "결혼하면 당신만 바라볼게"라고 말한 적은 없었지만, 그녀도 자신이 결국은 조강지처라는 허울만 가질 뿐 실권은 없으리라는 것을 예상했었다.

그녀의 결혼 생활은 '원 플러스 쓰리'였다. 남편은 한 명으로 모자라 내연녀를 셋이나 거느렸다. 고대 황제처럼 살고 싶은 그에게는 그것도 부족했다. 처음에 아내는 돈과 권리만 있으면 다른 건 상관없다고 생각했다. 그래서 남편의 황당무계한 행동을 스스로 합리화하며 '어차피 결혼 생활이 다 이런 게 아니겠어? 부창부수라는 말도 있잖아. 황제처럼 여인을 거느리고 싶다면 까짓 거 그렇게 받들어주고 말자!'라고 생각했다.

엄마의 고달픈 인생을
복제하다

———

그녀의 엄마 역시 고달픈 인생을 살아온 여인이었다. 그녀는 맏며느리인 엄마가 갓난아이를 키우면서도 시부모의 식사 시중을 드는 모습을 보고 자랐다. 엄마는 어린 그녀가 등 뒤에서 "엄마" 하고 불러도 대답할 정신이 없을 만큼 바빴다.

부엌에는 영원히 끝나지 않을 설거짓거리가 쌓여 있었고 세탁실에는 빨랫감이 줄어들 날이 없었다. 기억 속 엄마는 언제나 멀리서 무언가를 닦거나 빠느라 그녀와 눈을 마주칠 겨를도 없었다. 엄마는 돈 문제로 아버지와 자주 다퉜지만 자식들을 여럿 키워야 했기 때문에 경제를 지탱해주는 가장을 떠날 수 없었다. 그러다 보니 잠깐이라도 짬이 나면 집에서 할 수 있는 부업을 해야 했다. 어린 시절의 그녀는 힘들다고 생각하면서도 감히 불평할 수가 없었다.

이러한 인상은 뇌리에 각인되었고 불공평하다는 생각이 자주 들었지만 그럴 때마다 '돈만 생기면 무슨 일이든 해결할 수 있을 거야' '돈만 있으면 행복하게 살 수 있어!' '여자가 조금만 참고 견디면 상황은 괜찮아질 거야. 그러면 원만한 결혼 생활을 유지할 수 있을 거야!'라고 되뇌었다.

결혼의 세계에 발을 들여놓기 전에는 엄마가 본분을 지키면 아이는 반드시 바르게 자란다고 믿었지만 결혼 후에는 모든 게

상처받은 아이는 외로운 어른이 된다

임에서 지고 말았다. 아이는 학교에서 화가 나면 주먹으로 벽을 치거나 머리를 박았고, 남편은 그녀가 결혼 생활을 불평한다고 손찌검을 했다. 그녀는 부자가 되어 빈껍데기 가정의 행복을 살 수 있었지만 파탄 난 결혼 생활의 끔찍함은 감출 수가 없었다.

남편에게 따귀를 맞은 날 마음은 산산이 깨졌고 순간 현실을 퍼뜩 깨달았다. 자신이 지금까지 남편과의 충돌을 얼마나 애써 피해왔는지를 말이다. 그녀는 남편과 있었던 일을 아이가 모르게 감춰왔다. 일상생활의 모든 달갑지 않은 장면으로부터 도망쳤고 원가족을 향한 불만도 회피했다. 하지만 그 회피가 행복을 가져다주기는커녕 삶을 참혹하게 조각내고 아무것도 남지 않게 만들었다.

알면서도
잘못된 패턴을 반복하다

———

희생만 하는 사람은 반드시 타인에게 불만과 분노를 품고 있다. 이러한 불만과 분노를 회피하면 그 분노는 언젠가 반드시 자신에게로 돌아온다.

어릴 적부터 우리는 생존을 위해 다양한 방식의 전략을 개발한다. 성공하기 위해 적극적인 사람이 되기도 하고 나쁜 일을 당하지 않게 소극적인 사람이 되기도 한다. 불시의 필요에 대비해 근검절약하는가 하면 현재를 잘 살기 위해 돈을 헤프게 쓰기도 한다. 이 모든 전략에는 아무 문제가 없다. 문제는 내면의 결핍을 들여다보지 않고 기존의 삶에 대한 불만이나 주변 사람에 대한 적대감, 완벽하지 못한 삶에 대한 허전함을 회피하기 위해 또 다른 완벽한 존재를 찾으려고 적극적으로 노력할 때 시작된다.

우리는 목표를 이루어도 새로운 문제를 맞닥뜨린다. 그 새로운 문제는 사실 겉모습만 달라진 해묵은 문제이다. 대인과정이론에서는 이런 상황을 '대인 관계 재현의 고뇌'라고 부른다. 결핍은 어떤 환경에서 방해를 받아 욕구를 충족하지 못할 때 발생한다. 이때 생존 전략으로 그 방해 요소를 잘 뛰어넘어도 우리는 또다시 어느 정도 비슷한 방해를 끌어들여 과거에 온 힘을 다해 그 방해를 뛰어넘었던 자신을 기린다. 이것이 대인 관계 문제의 재현이다. 곤경이 완전히 사라지면 방해를 극복했다는 영광스러운 휘장을 다시 볼 수 없으니 반드시 계속해서 곤경에 처해야 하는 것이다.

사례 속 여성은 어린 시절 부모에게 홀대받고 외면당하고 싶지 않았다. 하지만 결국은 자신을 허울 좋은 본처 자리에 앉혀놓았고 자신을 영원히 두 번째 여자로 전락시키는 사람을 끌어들이고 말았다.

두 번째 여자라는 위치가 슬프고 무력했지만 한편으로는 친숙하고 자연스러웠다. 어린 시절 그녀는 인생이 만족스럽지 않아서 분투했고 강해지려고 애썼다. 과거의 인생을 뒤집어보려고 안간힘을 썼고 돈만 있으면 만사형통이라고 생각했다. 엄마의 슬픔, 가정에서 소외된 상처, 비통한 자신의 인생을 정면으로 마주할 수 없었다. 그래서 줄곧 밖을 향해 싸웠고 멋지게 이겨 보이고 싶었다. 그러는 사이 빨래하는 엄마의 등을 멀리서 바라보던 아이가 갈망했던 것은 돈이 아니라 사랑이었음을 잊어버렸다. 이런 복잡한 감정들이 마음속을 배회하다 결혼 적령기에 이르자 쉽게 연애에 투사되었고 그녀는 속히 구원받아서 인생이 전환되기를 바랐다.

어린 시절 그녀의 복잡한 마음 밑바닥에는 이해가 필요한 부분이 많다. 대인과정이론은 분노의 밑바닥에는 슬픔이, 슬픔의 밑바닥에는 수치심이 있다고 본다. 만약 분노나 원한으로 꽉 막힌 채 강해지려고 노력하기만 한다면, 내면의 슬픔을 바라볼 기회를 잃게 되고 그 슬픔은 결국 자신이 영원히 남보다 못하다는 수치심으로 이어지게 된다.

내면의 폐허를 들여다볼 수 없을 때 인생은 비디오처럼 반복 재생되어 비슷한 유형의 다양한 사람들을 끌어들인다. 과거와 같은 곤경에 스스로를 몰아넣고 비극을 되풀이하는 것이다.

상처받은 당신에게,

깊은 밤, 당신을 따뜻하게 안아주고 싶네요. 어린 날 당신은 온 힘을 다해 살았습니다. 안쓰러울 정도로 최선을 다했지요. 당신이 잘못한 것은 없습니다. 당신을 탓할 사람은 더욱이 아무도 없지요. 행복한 인생을 살고 싶지 않은 사람이 어디 있을까요? 앞으로 살면서 넘어져도 괜찮습니다. 그렇다 해도 당신은 품에 꼭 안고 등을 토닥여줄 만한, 귀엽고 사랑스러운 사람입니다.

소설가 장아이링張愛玲은 "삶이란 이가 우글우글 들끓는 눈부시게 아름다운 옷이다"라고 말했습니다. 인생에서 우리는 모든 것을 가질 수도, 모든 것을 바랄 수도 없습니다. 이가 있는지 없는지에만 집착한다면 아름다운 옷이 주는 호사를 누릴 수 없습니다. 인생의 본질도 똑같습니다. 우리는 성가신 이와 공존하는 법을 배워야 합니다. 더러움과 결함이 있기에 아름다움과 무결함이 존재합니다. 이 모든 것의 공존이야말로 삶의 진면모일 것입니다.

상처받은 아이는 외로운 어른이 된다

폭력으로 부부 사이가 틀어지다

———————— ❖ ————————

다가가는 법을 몰라 늘 외로웠습니다

"여보, 집에 오면 혈압약부터 먹어. 이제 나이가 있으니 몸을 함부로 대하면 안 돼."

"내 고혈압이 누구 때문에 왔는데? 가식 좀 작작 부려."

보는 앞에서 찬물을 끼얹는 반응에 남편은 순간 말문이 막혔다. 가슴 속에서 또 울분이 부글부글 끓어올랐지만 재빨리 감정을 억누르며 악담으로 대거리하지 말자고 다짐했다. 하지만 반복되는 인내는 더 큰 갈등만 낳을 뿐이었다. 몇 년 전부터 아내는 그가 아무리 다정하게 말을 걸어도 차갑게 쏘아붙이며 무안을 주었다. 하지만 남편은 철부지 시절 자신이 저질렀던 행동을 만회하기 위해 다시 한 번 아내의 가시 돋친 말을 삼켜야 했다.

'나이가 몇인데 아직도 땍땍거리냐? 하나도 안 귀엽다.' 남편은 속으로 그렇게 생각했지만 실제로는 아무 말도 하지 않았다. 어차피 본전도 못 찾을 것이었다. 그는 아내에게 무시당할 때마다 투덜거리다가 감정이 격해져서는 같은 말을 하곤 했다.

"또 내 탓이야? 내가 당신 기분 거슬렀다 이거지? 그래 어디 말 좀 해봐라. 당신 고혈압이 왜 나 때문이냐?"

"됐어. 그만해. 이렇게 심문하듯이 쫓아다니며 시비 거는 것 좀 안 하면 안 될까? 제발 내 일에 관심 좀 꺼!" 아내가 사납게 눈을 흘겼다. 아내는 이 남자가 어째서 집에 오기만 하면 트집을 잡는지 이해할 수 없었고 짜증만 났다.

"그래, 관심 끈다 꺼. 이제 당신 일은 나랑 상관없어!" 그는 아내를 거실에 혼자 두고 씩씩거리며 위층으로 올라갔다. 이 집에서는 이 같은 진부한 드라마가 사흘이 멀다고 연출되었다. 아내도 이제 이골이 나서 별 감흥이 없었고 화가 난 그가 자리를 뜨면 오히려 홀가분했다.

그는 매번 이런 식이었다. 자신이 꺼낸 말이 무시당하면 아예 입을 닫거나 심한 말 몇 마디를 낙인찍듯 남기고 현장을 떠나버리면서도, 아내가 먼저 따라와 풀어주길 바랐다. 하지만 아내는 한 번도 그러지 않았다. 이렇게 다가갈 수도 물러설 수도 없는 착잡한 마음 때문에 그는 늘 외로웠다.

상처받은 아이는 외로운 어른이 된다

집을 떠나고 싶은
외로운 아이

───────

그는 고집이 세거나 성질이 고약하다기보다는 외로움을 잘 타는 사람이었다. 어린 시절에는 성적과 품행이 모두 좋지 않아서 자주 야단을 맞았다. 집안에서 말썽을 피우는 유일한 아이로 자라면서 부모님이 "저놈이 태어난 것 자체가 재수 옴 붙은 일"이라고 말하는 것을 자주 들었다.

"오늘도 수업 시간에 똑바로 못 앉아 있고 엉덩이 들썩거리면 집에 가서 엉덩짝 맞을 줄 알아." "네가 집에 없을 때가 제일 평화로워!" 그는 이런 말들에 신경 쓰고 싶지 않았지만 이상하게도 지나치지 못했고 오히려 귀에 쏙쏙 박혔다.

성인이 되어서는 가방 사업을 시작했다. 가방이 잘 팔리던 시절에는 상당한 수익을 올렸고 노점상으로 부수입까지 벌었다. 사업은 충분히 성공했지만 가족들 앞에서 그는 여전히 보잘것없는 존재였다.

"그따위 일을 하면서 돈을 벌 수나 있냐?" "네 얘기만 하면 골치가 아프다." "하루가 멀다고 밖으로만 도는데 돈을 벌면 얼마나 벌겠냐?"

그는 가족들 앞에서 여전히 자신이 없었고 끝도 없이 작아지는 것 같았다. 연애할 때도 마찬가지였다. 연애 초기부터 아내를 극진히 보살펴주었지만 아내는 사사건건 예민하게 굴었다. 도대체 언제부터 둘의 관계가 이렇게 됐는지 모르겠지만 그는 아내가 자신을 사랑하지 않을까 봐, 무시할까 봐 두려웠다. 그래서 무시당했다는 느낌이 들면 굉장히 괴롭고 외로웠다. 특히 아내가 아무 반응을 보이지 않는 것이 가장 두려웠다. 그렇다고 아내가 자신을 존경하거나 사랑하게 할 만한 방법도 몰랐다.

아내에게 이런 두려움을 말로 표현한 적은 없었다. 그런 장면들이 마음속 작은 극장에서 종종 연출되곤 했지만, 아내는 전혀 몰랐다. 그래서 언젠가 아내가 자신에게 실망한 것 같은 표정을 지었을 때 아내를 때리고 말았다. 아내가 자신의 속마음을 알아채고 이제부터 자신을 존중해주길 바랐다. 그는 순진하게도 아내를 때리면 아내의 관심을 자신에게로 돌릴 수 있다고 생각했지만, 그 폭행으로 인해 자신을 향한 아내의 사랑은 산산조각이 나버렸다.

그는 아내가 자신을 사랑하고 존중해주기를 원하면서 가장 존중하지 않는 방식으로 아내를 대했고 그로 인해 아내의 사랑을 잃게 되었을 뿐만 아니라 평생 아내의 존중을 받을 수 없게 되었다. 그의 행동은 어린 시절 어른들과 똑같았다. 어른들은 사랑이라는 미명으로 그를 못살게 굴었고 자기들 마음에 들지 않으면 미워하고 배척하고 저주하고 따돌렸다. 이런 혼란스러운 경험으로 그는 사람에게 어떻게 다가가고 물러서야 하는지 알지 못했고 그저 막무가내로 쓸모 있는 사람이 되기만을 원했다. 젊은 시절 자신에게 맞고 집을 나간 아내를 간신히 데려왔

상처받은 아이는 외로운 어른이 된다

을 때 아내의 사랑도 함께 돌아오기를 바랐지만 때는 이미 늦은 뒤였다.

이제는 그도 늙어서 누군가의 보살핌이 필요했다. 아내에게 다시는 당신을 때리지 않을 것이고 당신을 챙겨주고 사랑해주겠다고 말하고 싶었지만, 아내의 마음은 이미 오래전에 식었고 자신을 향한 미움과 원망도 과거에 머물러 있었다. 아내가 가장 바라는 것은 남편과 거리를 두는 것이었다. "망할 늙은이 같으니라고. 또 한 번 건드리면 이판사판인 줄 알아!" 아내는 거실에서 텔레비전을 보면서 또 그렇게 저주의 말을 퍼부었다.

왜 우리는 과거의 악몽을
되풀이할까?

아내에 대한 그의 모순적인 의존은 어렸을 적 가정 경험과 관계가 있었다. 우리는 주 양육자와 상호작용했던 방식으로 훗날 연애 관계에서 상대에게 기대하는 바를 형성한다. 그의 어린 시절은 무척 혼란스러웠다. 어른들은 한순간에 그에게 기대를 품었다가 또 한순간에 그를 창피해하고 배척했다. 심리학자 메리 애인스워스Mary Ainsworth와 존 볼비가 수립한 현대 애착 이론에서는 주로 아동과 주 양육자 간의 상호관계를 연구한다. 최근에 수 존슨Sue Johnson은 성인의 심리치료에 애착 이론을 적용하여 부부 심리상담을 진행했는데, 그 후로 성인 사이에 일어나는 상호작용이 아동 시절 보호자와의 애착 관계와 유사성이 있다는 점에 주목하게 되었다.

다가가고 싶으면서 거부하고, 그러면서 상대방이 잡아주기를 바라는 유형의 사람들은 상대방을 밀어냄으로써 친근함을 표시한다. 그 이유는 '친근함'이라는 개념에 굉장히 복잡한 감정을 지니고 있기 때문이다. 이들은 '혼란형 애착'에 속한다. 이 유형의 사람들은 어릴 적부터 안정적이지 못한 대우를 받고 자랐다. 아이들은 주 양육자의 돌봄 방식에 따라 상황에 대응하는데, 주 양육자가 혼란스러운 방식으로 아이를 대하면 아이는 예측 불허의 공포에 노출되고 시시각각 경계 태세를 취하게 된다. 그 때문에 자기가 원하는 일이나 사물에 대해서도 균일한 반응을 보일 수 없게 된다.

사람은 어린 시절 어른들이 명시적 또는 암시적으로 남긴 "너는 이런 아이야"라는 지시에 기반해 자신을 대한다. 아이가 거울을 보며 자신의 모습을 그린다고 상상해보자. 혼란형 애착 유형의 아이들은 깨지고 완전하지 못한 거울을 통해 자신을 볼 것이고 그로 인한 불안에 시달릴 것이다.

사례 속 남편은 아내의 친절하고 긍정적인 반응에 목말라하면서도 과거에 드리워진 그림자 때문에 자신감이 없어 먼저 강수를 뒀고 원하는 바와 반대되는 결과를 얻었다. 의심하는 자아가 자주 그의 마음을 사로잡았고 예고 없이 버려질지도 모른다는 두려움이 그를 혼란에 빠뜨렸다. 그 때문에 종종 불안했으며 실의에 빠지곤 했다. 변덕스러운 아내의 태도에 예민하게 반응하며 어린 시절처럼 또다시 버려질까 봐 걱정했다. 남편의 자기비하적인 심리 상태가 오히려 아내의 멸시를 끌어낸 것이었다.

이렇게 강박적으로 반복되는 대인 관계 패턴은 '나는 사랑스럽지 않고 사랑받을 수 없고 존중받을 가치도 없다'라는 생각을 이끌어낸다. 어떤 이들은 자신이 무의식중에 타인의 신뢰를 사정없이 깨뜨렸다가 아쉬워하고 다시 관계를 회복하기 위해 노력하는 쳇바퀴를 끊임없이 돌고 있음을 깨닫지 못한다. 이렇게 자기 자신을 다치게 한 후 다시 치유 방법을 찾는 과정은 강박적 반복이다. 프로이트는 이 개념을 설명하며 영아가 장난감을 던지고 다시 주워 오기를 반복하는 행동이 '끊임없이 떠났다가 다시 돌아오는 어머니'에 대한 심리적 적응을 상징한다고 말했다.

혼란형 애착을 가진 사람은 반드시 자신의 애착 패턴을 깨달아야 한다. 이런 유형의 사람은 버려짐 속에서 다시 치유되는 일종의 갈망과 쾌감을 얻기 때문에 갈망했던 사랑을 얻고 나면 그것을 파괴한 뒤 다시 찾아 나선다. 이런 패턴을 깨닫지 못하면 영영 원하는 사랑과 존중을 얻을 수 없다.

아래의 몇 가지 흥미로운 질문에 답해봅시다.

당신은 연인에게 버림받을까 봐 늘 걱정하나요?

연인의 눈에 다른 사람이 당신보다 훨씬 더 매력적으로 보일까 봐 걱정되나요?

연애할 때 사랑을 표현하기 어려운가요?

약한 모습을 보이면 상대방이 당신에게 실망할 것 같은가요?

혼자만 이 연애에 신경 쓰고 상대방은 그렇지 않을까 봐 두려운가요?

그 사람에게 어울리지 않을까 봐 두려운가요?

누군가에게 의지하고 싶으면서도 상대가 너무 가까이 다가오지 않기를 바라는 모순된 마음을 가지고 있나요?

상대방이 차가운 모습을 보이면 모든 것이 끝났다고 생각하나요?

상대방이 다른 사람을 칭찬하면 당신은 곧 버려질 것 같나요?

그 사람한테 잊힐까 봐 두려운가요?

연애할 때 자신이 원하는 것은 정확히 모르지만 그저 상대방이 곁에만 있으면 다 좋은가요?

외로움이 두려운가요?

상대방과 의견이 다르면 미쳐버릴 것 같나요?

가끔 이유 없이 상대방을 화나게 만드는데, 그것이 그 사람을 잃을까 봐 두렵기 때문인가요?

상대방의 생각과 기분을 민감하게 받아들이나요?

위의 15개 문항에 대한 답변은 물론 다 다를 것입니다. 사람마다 상황이 다를 수 있지만 '그렇다'라고 답한 문항이 8개 이상이면 당신은 연애 관계에서 자주 안전감이 없다고 느낄 것입니다. 그럴 때는 과거 성장 과정에서 부모님이나 주 양육자와의 관계가 어땠는지 반추해보세요. 그들이 당신에게 가장 자주 건넨 말은 무엇이었나요? 그들이 당신에 대해 뭐라고 말했나요? 어떤 기대를 품었나요? 이런 질문들이 나를 들여다볼 수 있는 훌륭한 통로가 될 것입니다. 사람은 자기 자신을 동굴 속에 가둬놓고는 햇빛을 갈망하고, 또 햇빛을 힐끗 보고는 눈부시다고 푸념하곤 합니다.

혼자서 육아를 책임지다

남편이 회피형 인간인 줄 몰랐습니다

"당신은 어쩌면 이렇게 가정에 무책임해? 매일 일부러 집에 늦게 오는 거지?"

"당신이야말로 왜 나를 못 믿어? 일이 늦게 끝난 걸 어쩌라고!"

"그럴 리가 없지. 당신 일부러 이러는 거야. 애한테 문제 있다는 거 알고부터 계속 이런 식이잖아." 잔뜩 억울한 표정으로 울먹이며 따지는 아내의 행동에 남편은 미쳐버릴 것 같았다.

"당신 멋대로 생각해!" 남편은 씩씩거리며 침실로 들어가 문을 쾅 닫아버렸고 아내와 아이는 그 자리에 덩그러니 남겨졌다. 분한 아내는 하염없이 눈물을 흘렸다. 문을 부술 듯 쾅 닫고 방으로 숨어버리는 남편의 태도를 받아들이기 어려웠다. 아내는 굳게 닫힌 문에다 대고 야속한 듯 한바탕 퍼부었다. "애가 자폐증인 게 내 탓이야? 당신은 책임이 없다 이거야? 좋은 말로 할 때 방에서 나와! 당신은 애한테 신경도 안 쓰고 나한테 안겨만 놓으면 다야? 나보고 어쩌라고?" 아내의 낙담은 분노가 되어 와르르 쏟아졌다. 어떻게든 남편을 밖으로 끌어내 현실과 마주하게 하고 싶었다.

잠자코 있던 아이가 엄마가 소리치는 것을 보더니 벽에 머리를 찧기 시작했다. 단순한 아이는 자기가 무엇을 잘못했는지는 몰랐지만 또 엄마 아빠를 슬프게 했다는 것만은 알았다.

부부 싸움을 할 때마다 아내는 가장 아픈 곳을 깊숙이 찔렀다. 싸움은 대개 아이의 교육 문제로 시작됐지만 끝에 가서는 자폐증이 누구의 유전자를 물려받아서라는 등 애초의 논점은 완전히 사라지기 일쑤였다. 아내는 잘못된 사람과 결혼했다고 통탄하면서도 무력한 아이의 눈물을 외면할 수 없었다.

어렸을 때 아내는 친척들끼리 가깝게 지내는 환경에서 자랐다. 어른들은 집안의 모든 아이를 각 가정을 대표하는 상품처럼 평가했고 그녀는 이런 분위기가 몹시 싫었다. 가족 모임을 할 때 다른 아이들에게서 뿜어져 나오는 냉기는 더욱 싫었다. 그녀는 학교에서처럼 집에서도 할 말은 하고 싶었지만 그럴 때마다 말썽 일으키지 말고 조용히 하라는 지시를 받았다. 어른들의 생각과 다른 말을 하면 조그만 방에 갇혀 반성해야 했다. 그러면서 눈치를 살피는 법과 대세를 따르는 요령을 배웠지만 한편으로는 매우 억압되어 있었다. 생전 한 번도 반항한 적 없는 그녀가 가족들과 다른 의견을 밀어붙이는 것은 있을 수 없는 일이었다.

하지만 대학에 입학해보니 다른 학생들은 자유로운 분위기에서 공부하고 있었다. 개방적인 분위기가 캠퍼스에 가득했다. 특히 타인의 평가를 전혀 신경 쓰지 않는 한 선배가 눈에 들어왔다. 동아리 활동을 할 때 그 선배와 한 조가 되면 늘 안심이 되었다. 유머러스한 그가 자리에 있으면 어색한 분위기가 금세 부드러워졌다. 특히 남을 함부로 비판하지 않는 점이 그녀의 마음을 움직였다. 자유를 원하는 그녀에게 그는 자유를 허했다. 남들의 평가에서 벗어나고 싶은 그녀는 그와 함께 있을 때 편안함을 느꼈다. 종종 '이런 사람과 평생을 함께하면 얼마나 행복할까? 아이들을 줄 세워 비교하는 집안에서 벗어날 수 있을 거야'라고 생각했다.

백마 탄 왕자님과 숲속 공주님은 내 삶의 문제를 해결해주지 못한다

그녀의 인생에서 제1 반항기는 결혼할 즈음 찾아왔다. 그 선배와 좋은 만남을 가지면서 남은 인생의 행복은 그에게 맡기자고 마음먹었다. 그는 유쾌하고 대범하여 사소한 일에 얽매이지 않았고 자기 자신을 불편하게 만들지 않았다. 또 타의에 휘둘리지 않고 매사에 담담하고 쿨한 태도로 임했다. 그녀는 그가 아니면 절대 결혼하지 않겠다고 다짐했다.

오랜 세월 동안 친척들 사이에서 부모님의 허풍과 과시의 대상이 되어야 했는데 마침내 원가족에서 벗어날 수 있었다. 인생을 뒤집을 기회였다. 그가 아닌 다른 선택은 절대로 있을 수 없었다. 그도 사랑스럽고 자상한 아내를 얻어 기뻤다.

그들은 결혼 5년 만에 귀한 아들을 얻었다. 하지만 아이가 두 살이 되던 해부터 다른 아이들과 뭔가 다르다는 것을 느꼈다. 정밀 검사를 해보니 아이에게 자폐증이 있었다. 이 일로 그녀는 처참하게 무너졌다. 하지만 남편은 크게 공감해주지 않았고 오히려 가족과 점점 멀어졌다. 그 모습에 그녀는 마음이 더 아팠다.

그녀는 원가족 문제를 극복하고 싶어 하는 자신의 마음을 알아차리지 못했고 남편의 진짜 모습도 보지 못했다. 스트레스를 받을 때 남편이 건네는 농담은 이제 조롱으로 느껴졌다. 어색한 분위기를 잘 풀던 남편은 이제 불편한 상황에 머무르기 싫어했고 여전히 함부로 비판하거나 비교하지 않았지만 그 어떤 공감도 해주지 않았다. 그녀는 마침내 남편이 처음부터 한결같았다는 사실을 깨달았다. 쿨해 보였던 남편의 태도가 사실은 회피였던 것이다. 그녀는 아름답고 원만한 결혼 생활을 꿈꾸며 원가족과는 다른 가정을 만들고 싶었지만 결혼 생활은 오히려 악몽이 되어버렸다. 아이에게 문제가 생기자 남편은 무대에서 퇴장해버렸고 결혼을 통해 새 삶을 얻으려던 그녀의 단꿈은 깨져버렸다.

자꾸만 잘못된 사람을
만나는 이유

우리는 눈에 콩깍지가 씌어서 결혼하지 말아야 할 사람과 결혼해버리진 않을까 걱정한다. 그래서 결혼 전에 두 눈을 크게 뜨고 요리조리 따져본다. 하지만 이미 결혼했는데 이처럼 큰 벽에 부딪히면 어떻게 해야 할까?

부모님의 결혼 생활이나 어린 시절의 가족 분위기를 답습하고 싶지 않은 사람은 더욱 조심스럽게 파트너를 선택하려 한다. 이것은 원래 화를 피하기 위함이다. 사례 속 여성도 숨 막히는 원가족 관계를 피하다 보니 남편의 시원스러운 성격, 유머 감각, 어색함을 부드럽게 풀어주는 능력에 끌리게 되었다. 게다가 남편은 매사에 너무 깊게 관여하지 않는 스타일이었기 때문에 원가족과는 전혀 다른 새로운 느낌을 받았고 그와 함께 있으면 홀가분했다. 그래서 인생의 1차 반항기에 기꺼이 그에게 인생을 걸기로 마음먹은 것이다.

하지만 그가 그녀에게 이토록 넓은 공간을 제공할 수 있던

상처받은 아이는 외로운 어른이 된다

이유는 그가 회피형 애착 유형의 사람이었기 때문이다. 그는 스트레스 상황을 멀리 회피하고 불안한 상황은 가벼운 유머로 모면했으며 해결할 수 없는 일은 대수롭지 않게 넘겨버렸다. 이런 유형의 사람은 스트레스나 자아를 곤혹스럽게 하는 환경을 오래 견디지 못한다. 곤혹스러운 정서에서 한시라도 빨리 탈출하는 것이 그들의 신조인 것이다.

존 볼비가 제시한 애착 관계란 영아와 중요한 타인 사이에서 교감을 통해 서로가 안정감을 구축하는 패턴이다. 존 볼비는 애착 이론을 통해 성인이 반려자를 선택하는 것은 유년 시절 가족 간의 애착 관계와 관계가 깊다고 말한다. 영유아기에 욕구를 표현했을 때 친밀한 응답을 받았는지가 훗날 타인에게 품는 기대감에 영향을 끼치기 때문이다.

존 볼비는 애착 관계 유형을 불안정형 애착, 회피형 애착, 안정형 애착, 혼란형 애착 네 가지로 분류했다. 일리노이주립대학교의 게리 크레시Gary Crecy와 매슈 매키니스Matthew McInnis가 공동 연구한 애착 관계에서의 충돌 양상에 따르면, 안정형 애착 성향의 사람들이 비교적 배우자의 감정을 잘 이해하고 눈앞의 문제 해결에 몰두하는 것으로 나타났다.

불안정형 애착 성향의 사람은 필요한 순간에 배우자가 곁에 없을 수도 있다는 두려움을 갖는다. 회피형 애착 성향도 불안을 느끼지만 대응 방법이 불안정형 애착 유형과 정반대다. 이들은 감정을 더욱 억누르고 방어기제 차원에서 독립적이고 자주적인 상태를 유지하며 스스로 소외되는 전략을 택해 가능한 충돌을 멀리한다. 이런 대응은 불안정형 애착 유형의 사람들로 서는 상상도 할 수 없는 방법이다. 이들은 관계가 멀어지면 더욱 예민해지기 때문이다.

유년 시절의 애착 관계는 이후 대인 관계에서 스트레스 상황과 불안에 대처하는 생존 전략이 된다. 우리에게 가장 익숙하고 습관적인 방식이기 때문이다. 이런 방식은 개인의 불안감 해소에는 도움이 되지만 관계에서는 오해를 낳을 수 있다. 양쪽이 모두 불만을 품고 있을 때 불안정 애착 유형의 사람은 상대방이 먼저 구원의 손을 내밀어 위로해주기를 바라는 반면, 회피형은 일단 충돌을 멀리해서 자기 마음부터 가라앉힘으로써 안전을 도모한다. 그래서 충돌 지점에서 자주 서로 오해하게 되고 풀리지 않는 응어리가 생기는 것이다.

애착 유형을 알면 사람마다 스트레스에 대응하는 방식과 필요한 것을 얻거나 만족에 이르는 방식이 다르다는 사실을 알게 됩니다. 또한 나와 다른 애착 유형을 가진 사람을 이해하는 유연한 관점을 가질 수 있습니다. 그래서 직접적이고 효과적인 소통이 무엇보다 중요합니다. 예를 들어 이번 사례의 여성은 다음과 같이 말해볼 수 있을 것입니다.

당신이 늦게 들어올 때 나는……
아이가 아빠를 찾을 때 나는……
당신이 뒤돌아 떠나갈 때 나는……
당신과 소통이 안 될 때 나는……

오직 명확한 의사소통을 통해서만 상대방의 진정한 태도를 알 수 있습니다. 누구에게나 자신의 처지를 분명히 전달할 권리가 있다는 사실을 절대 잊지 마세요. 다정한 마음을 일상이라는 찻잔에 담아 감정이라는 차를 천천히 우려내보세요.

불륜과 영웅주의에 빠지다

내 결점을 타인의 인정으로 채웠습니다

"여보, 오늘 아주 얼간이 같은 놈이 약을 지으러 왔어. 내가 그 놈한테 이번에 들여온 약초가 무척 귀하다고 하니까 아버지 병을 고치겠다며 냅다 사지 뭐야? 바보 같은 놈." 그녀의 아빠는 세상 구석구석을 누비는 무면허 한의사였다. 진기한 약초를 수집하기도 했지만 가장 큰 수입원은 별 효능도 없는 약초로 절박한 사람들의 돈을 뜯어내는 일이었다. "저는 분명히 말했습니다. 선생님, 이 약 안 드시면 병이 악화됩니다." "아이고, 이 정도로는 안 되죠. 자기 몸은 자기가 알아서 챙겨야 해요!" 아빠는 얄팍한 약초 지식을 팔아 사기를 쳤고 집에 와서는 오늘 어떤 봉을 잡아 무슨 약을 팔았다고 신나서 자랑했다.

"여보, 이런 나쁜 짓 그만해요. 그 사람들 자기 몸보신하겠다

상처받은 아이는 외로운 어른이 된다

는 것도 아니고 가족들 병 고치려는 거잖아요." 엄마가 걱정스러운 얼굴로 그렇게 말해도 아빠는 들은 체도 안 했다.

"번번이 기 좀 죽이지 마. 내가 집에 돈을 거저 가져와? 적당히 사기 치고 속여서 돈 벌어오지 않으면 당신이 어떻게 돈을 쓰고 살겠어?" 매번 아빠가 여기까지 얘기하면 엄마는 입을 다물었다.

그녀는 어릴 적부터 아빠가 사람을 후리는 언변으로 사방팔방 사기를 치고 다니는 모습을 보며 자랐다. 그녀는 아빠를 무시했고 언제나 침묵으로 일관하는 엄마는 더 업신여겼다. 무능한 부모를 마주하며 온 힘을 다해 집을 탈출하고 싶었고 자신의 힘으로 정직하게 일해서 번 돈으로 집을 하나 얻어 이 지긋지긋한 곳을 벗어나리라고 생각했다.

어릴 적부터 그녀는 엄마를 대신해 바른말을 하는 딸이었다. 아빠를 화나게 할 위험을 무릅쓰고라도 엄마의 편에 서서 몇 마디 할 말을 하곤 했다. 아빠에게 욕을 듣거나 따귀를 맞아도 상관없었다. 아빠의 실망한 표정이나 분노에 찬 괴성도 두렵지 않았다. 그녀가 가장 견디기 어려웠던 것은 인내하고 용서만 하는 어머니였다. 하지만 타협하려는 엄마를 위해 시작한 싸움은 오히려 온 가족의 갈등이 갈수록 심각해지는 결과로 이어지곤 했다.

아빠와의 의절은 두렵지 않았다. 그녀는 엄마를 위해, 또 자신을 위해 화를 냈다. 한편으로는 엄마의 답답하고 무기력한 모습에 화가 났고 다른 한편으로는 아빠의 횡포와 비이성적인 모습에 분노했다.

그녀는 언제나 소리치고 부르짖는 딸이었다. 그로써 부모님이 이성과 자존심을 찾길 바랐고 부모 위치로 돌아가 자신을 올바로 이끌어주길 바랐다. 하지만 부모님은 그 요구에 절반만 응답했다. 딸을 다스리려 할 때만 부모의 권위를 내세웠고 다른 때에는 늘 엉망이었다. 그녀는 자신의 전략이 효과가 없다는 사실을 깨닫지 못했다. 오랜 시간이 흐르자 말을 듣지 않고 고집스러운 딸이라는 혹평까지 들어야 했다.

그녀는 자주 분노에 가득 차 속으로 외쳤다. '연 끊으면 되잖아. 무서울 게 뭐야?' '먹고 살 능력만 있으면 진작 떠났을 거야!' '부모면 부모답게 자존심이 있어야 하는 거 아냐?' '자식을 가르칠 능력이 없으면 낳지 말든가!'

부모를 경멸하려다
자기마저 경멸하다

그녀의 마음속에는 아빠도 엄마도 없었다. 이런 생각을 할 때마다 그녀는 무척 나약해지기도 했고 또 몹시 힘이 나기도 했다. 순식간에 어른이 되어 부모의 다툼과 갈등을 해결하고 싶어 힘이 솟다가도 어린 그녀가 둘 사이에서 누가 옳은지 그

상처받은 아이는 외로운 어른이 된다

른지 판단하려고 하면 결국 무시당했다. 그럴 때면 아직 어려서 권력이 없는 자신을 탓했다. 그래서 몰래 다짐했다. '크면 꼭 쓸모 있는 사람이 되어서 엄마 아빠 할 말 없게 만들어줄게.' 그녀는 언젠가 모든 준비가 끝나면 그날로 차표를 끊어 집을 떠날 수 있도록, 자신을 완벽하고 유능하게 만들기 위해 노력했다. 그러는 동안 완벽한 남자를 만났다. 차도 있고 집도 있는 그 남자는 아내와 자식도 있었다. 이런 남자가 자신을 쫓아다니니 처음에는 그녀도 적잖이 당황스러웠다.

그녀 눈에 이 남자는 흠 잡을 데 없이 완벽했다. 유일한 결점은 바로 아내를 잘못 얻었다는 점이었다. 남자가 아내에 대한 불평을 늘어놓을 때마다 그녀는 남자를 무척 불쌍히 여겼다. 이토록 훌륭한 남자의 인생에 어울리지 않는 여자가 들어온 상황이 너무도 유감스러웠다. 이런 생각은 그녀 안에 내재해 있던 영웅주의와 여성의 무능함에 대한 경멸을 깨웠다. 그녀는 남자의 본처를 업신여겼고 나아가 자신이 그 자리를 차지해야겠다고 결심했다.

하지만 마음속으로는 남자와 여자를 동시에 경멸하고 있다는 사실을 스스로 깨닫지 못했다. 남자에 대한 연민과 그 부인을 향한 멸시 위에 자신의 독립심과 자신감을 세웠고 권력을 가졌다는 기분에 미혹되었다. '완벽한 존재는 반드시 있어. 저렇게 완벽한 남자를 보고도 아내에게서 구해내지 못하고 패배하는 건 너무나 안타까운 일이야!' 이렇게 끝없이 자신을 합리화하느라 자신이 이미 내연녀라는 구렁텅이 속으로 뛰어들었다는 사실을 알지 못했다. 대신 자신이 얼마나 완벽한지 부풀렸고 남자를 곤경에서 구하기 위해 물불을 가리지 않았다. 이 불완전한 세계를 흠잡을 데 없이 완벽한 세상으로 만들겠다는 원대한 꿈이었다.

남자를 구원하기로 다짐한 그녀는 남자의 하소연을 들을 때마다 스스로 용감한 여자가 된 감정에 흠뻑 도취됐다. 더구나 어릴 적부터 이미 긴급 처리반을 자처하는 일에 중독된 바람에 남들은 두려워서 절대 들어가지 않으려 하는 호랑이 굴에 들어가 기꺼이 호랑이와 싸우고 싶어 했고 위험할수록 더 깊이 들어가려 했다.

그녀는 자신의 어디가 잘못되었는지 몰랐다. 다만 남자를 구하는 임무는 자신이 아니면 안 된다고 여겼다. 고고한 자존심을 제 손으로 구기고 있다는 걸 깨닫지 못했고 이성과 능력을 신봉하며 줄곧 정의롭고 바른말만 하던 그녀가 뜻밖에도 진창으로 발을 디뎠는데도 끌어올려줄 사람이 없었다. 그녀는 사랑이 곧 권력이라고 둘을 단단히 묶어놓았고 스스로 잘못된 길을 걷는 줄 알면서도 정의로운 이유를 붙여가며 모든 행동을 합리화했다. 남자의 격려는 부적처럼 몸에 들러붙어 물러서지 않는 부인을 협박하게 했고 그런 행동을 하고도 반성할 생각이 없었다. 과거 너무나도 인정에 목말랐기 때문에 누군가 이런 호의를 베풀면 그 사람을 위해 모든 것을 바칠 수 있었다.

상처받은 아이는 외로운 어른이 된다

사실 그녀는 자신을 연민하는 것뿐이었다. 남자의 문제를 해결해주려던 것은 결국 자기 힘으로 해결할 수 없었던 가정의 곤경 속에서 단 한 번도 인정받지 못했던 자신을 위로하기 위한 행동이었다.

그녀가 사랑한 것은
사실 특정한 곤경

사실 사례 속 여자는 그 남자를 사랑하지 않는다. 다만 남자가 만들어준 곤경 속에서 자신을 격려하고, 풀기 어려운 숙제를 해결하면서 해결의 고수라고 끊임없이 인정받는 상황을 사랑했을 뿐이다. 그녀는 이런 곤경에 중독되어 그 안에서 훈장과 표창을 얻고자 했다.

대인과정이론은 인지 치료학자 앨버트 엘리스의 '비합리적 신념'을 인용한다. 비합리적 신념이란 사람이 위험을 무릅쓰고 이판사판으로 행동하게 되는 데는 두 가지 신념이 있다는 이론이다. 그 두 가지 신념인 '사랑받고 싶다'와 '나는 능력이 있다'가 결합하면 사랑에 권력 투쟁을 끌어들이기 쉽다. 이런 사람은 언제나 인생에서 중요하다고 생각하는 사람의 찬사와 인정을 받아야 하고 언제든 자신의 능력을 보여줘야만 사랑받을 수 있다고 생각한다.

이들은 사랑에 맹목적이라 파트너의 격려와 거짓말에 잘 속아 넘어간다. 솔직히 이런 연애는 상대를 사랑하는 것이 아니라 상대방의 눈에 비친 자기 자신을 사랑하는 것이다. 이런 자아도취를 자기 긍정으로는 도저히 얻을 수 없으니 상대방에게 자신을 던져 채우려 한다. 마치 기생충처럼 숙주에게서 먹이를 받아서 살고 숙주가 더 이상 영양분을 주지 않으면 대상을 바꿔서 또다시 이런 심리적 요구를 채운다. 이러한 잘못된 인지는 도덕이라는 경계선을 제거해버리고 사랑하니까 당연하고 떳떳하다는 생각을 만든다. 사실 이러한 신념은 모두 과거의 원만하지 못했던 가정에서 온 편협한 인식에서 유래한 것이며 결국 언젠가는 자기 자신에게 환멸을 느끼게 한다.

이런 두 사람이 연애한다고 상상해보자. 한 명은 사사건건 트집을 잡고 다른 한 명은 매사에 승리를 추구한다. 그 결과 필연적으로 둘 다 힘들어지고 완벽하지 못한 자신의 모습에 불만을 갖게 된다. 둘의 결합은 선의의 경쟁이나 파멸의 경쟁 둘 중 하나를 불러올 것이다. 트집을 잡고 승리를 거두기를 좋아하는 두 사람은 상대방의 결점을 공격하며 완벽함에 집착하는 동시에 '상대가 기대하는 내 모습'이라는 허영심에 발목이 잡혀 서로의 우리에 갇힌 줄도 모르고 득의양양할 것이다.

이 두 사람의 눈에는 처음부터 자신밖에 없었다. 서로의 흠을 잡으면서도 서로를 다독이며 꽉 끌어안았다고 생각하겠지만 어쩐 일인지 고독과 적막을 느낄 것이다. 이들은 자존심도

상처받은 아이는 외로운 어른이 된다

극도로 세서 이토록 완벽한 상대방이기 때문에 사랑했다고 생각하지만, 잘나가고 싶고 근사해 보이고 싶은 것이 모두 상대방의 인정을 통해 자신의 열등감, 결점, 불완전함을 해소하려는 행동이라는 것을 알아차리지 못한다.

어린 시절 당신은 무엇을 절대 허용할 수 없었나요?

- ☐ **두서없는 말**
- ☐ **알맹이 없이 말**
- ☐ **졸렬한 표현**
- ☐ **둔한 행동**
- ☐ **느린 동작**
- ☐ **때와 장소를 가리지 않는 언사**
- ☐ **남보다 못한 재능**
- ☐ **감정적이고 수다스러움**
- ☐ **나약함**
- ☐ **울며 매달리기**
- ☐ ＿＿＿＿＿＿＿＿＿＿＿＿＿
- ☐ ＿＿＿＿＿＿＿＿＿＿＿＿＿
- ☐ ＿＿＿＿＿＿＿＿＿＿＿＿＿

　연애나 결혼 생활을 통해 내면의 어둠을 가장 쉽게 들여다볼 수 있습니다. 누구나 어둠을 나침반 삼아 짝을 찾기 때문입니다. 때와 장소를 가리지 못하는 말을 허용하지 않는 사람이라면, 어느 날 유머러스한 사람이 때와 장소에 조금 어긋난 말을 해도 큰 문제가 일어나지 않는 것을 발견했을 때 그 사람에게 끌리게 됩니다. 울고불고 매달리는 사람이 아니라고 자부해온 당신이 무너져 펑펑 울고 있을 때 누군가 와서 안아주면, 그 사람이 내 인생의 어두운 부분까지 완전히 포용해줄 것만 같은 생각이 들지 않을까요? 누군가 나조차도 용납할 수 없는 부분까지 수용하며 나를 좋아해주거나 칭찬해줄 때 순간적으로 '이것이 바로 사랑이다'라는 생각이 들지 않을까요?

그러니 사랑을 하면서도 깨어 있는 것이 중요합니다. 어두운 면이 많을수록 우리는 상대가 그것들을 꿰뚫어 보고 보살펴주기를 바라지만, 동시에 나 자신을 중요한 타인처럼 볼 필요가 있습니다. 먼저 나의 똑똑하지 않은 면, 받아들일 수 없는 면, 제멋대로인 면을 잘 들여다봅시다. 그것들의 실체는 우리가 고치고 싶었던 원가족에 대한 기억일 수도 있습니다. 하지만 고치고 싶은 그런 부분도 사랑스러운 당신의 일부임을 부정하지는 마세요. 부족한 부분이나 고쳐야 할 부분을 발견하면 자신에게 기회를 줘야 합니다. 과거의 나와 잘 지내볼 기회 말이죠!

말만 하면 서로를 자극하다

―――――――――― ✳ ――――――――――

누가 옳고 그른지만 따지려 했습니다

"애가 학교에 들어간 뒤로 계속 감기 기운이 있잖아. 선생님이 문제 있다는 거 당신은 정말 모르겠어?"

"선생님 혼자 그 많은 학생을 돌보느라 고생하는데 당신은 무슨 말을 그렇게 해?"

"애가 이렇게 골골거리는데 왜 선생 편을 들어?"

"편드는 게 아니야. 난 오히려 당신이 쓸데없이 이것저것 탓하는 것 같아."

"당신은 매번 남의 편만 들지. 한 번도 내 편에 서준 적이 없잖아."

"자기가 지나치게 감정적으로 굴어놓고 또 남 탓이야?"

쟈워 씨와 융한 씨는 두 아이가 학교에서 번갈아 다른 바이

상처받은 아이는 외로운 어른이 된다

러스에 감염되어 오는 바람에 집에서 이런 논쟁을 자주 벌였다. 융한 씨는 툭하면 아내에게 "애가 왜 계속 열이 나지?"라고 물었고 쟈위 씨는 남편이 괜한 트집을 잡는 것 같아 짜증이 났다. "학교에 보내면 원래 한 번씩 아프고 그래. 마스크 쓰고 온 애들도 아프던데 우리 애들이야 오죽하겠어." 그녀가 짜증을 부리는 데도 이유가 있었다. 벌써 몇 번째 똑같은 얘기를 하느라 벽에다 대고 얘기하는 것 같았기 때문이다.

"아무튼 학교가 나서서 조처해야 한다니까!" 아내의 대답이 마음에 들지 않았던 융한 씨는 화를 내기 시작했다.

"물론 학교에서 조처해야지. 그런데 내가 선생님이라면 당신 같은 무식한 학부모는 상대하기 싫을 것 같네." 쟈위 씨도 말할수록 남편이 억지를 부리는 것 같아서 지고 싶지 않았다.

"그래, 당신 말이 다 맞다. 학교 대변인 노릇 아주 잘 봤어. 애들이 병이 나건 말건 내 알 바 아니야!"

"당신더러 돈 쓰라고 안 해! 병이 나도 약값은 내가 낼 거야. 아예 내 성으로 갈아버리면 되겠네!"

쟈위 씨는 못마땅해하며 자리를 떴고 거실에는 서로 멀뚱멀뚱 쳐다보는 두 아이와 씩씩대는 융한 씨만 덩그러니 남았다.

생트집을 잡는 게
당신인가, 나인가

———

부부 싸움은 칼로 물 베기라지만 서로 툭툭 내뱉는 한마디와 논점 없는 말다툼이 쌓이면 결국 관계의 초점을 잃게 된다. 사실 사례 속 부부는 거친 말을 주고받았지만 내면의 가장 핵심적인 두려움과 기대를 터놓고 이야기할 엄두는 내지 못했다. 아이가 병이 나자 엄마인 쟈위 씨는 불안하고 어쩔 줄 몰랐고 남편이 그에 관해 물을 때마다 정곡을 찔린 느낌이었다. 불안할수록 진심을 드러내기가 무서워서 융한 씨처럼 걱정하는 바를 밖으로 표출하거나 요구 사항을 제시하지 못했다.

융한 씨는 아내가 자기만큼 이 일에 몰입하지도 걱정하지도 않는 모습을 보며 '아내는 나만큼 아이를 중요하게 생각하지 않으니 내가 그 중요성을 더 과장되게 드러내야겠다'라고 생각했다. 그래서 의도적으로 강력하게 말했는데 그때마다 쟈위 씨는 불안감이 증폭됐고 남편의 말을 신뢰할 수 없었다. 결국 부부는 무한 순환에 빠졌다. 한쪽은 '저 사람 지금 통제력을 잃을 것 같아. 신뢰할 수 없어'라고 생각했고 다른 한쪽은 '저 사람은 나만큼 이 문제를 중시하지 않아'라고 여겼다.

쟈위 씨는 모든 상황의 균형이 깨질까 봐 남편이 그만했으면 했고 남편의 말 때문에 무력감이 드는 것도 싫었다. 하지만 융한 씨는 아내를 이해할 수 없었고 지고 싶지도 않았기 때문

상처받은 아이는 외로운 어른이 된다

에 한바탕 지적을 통해 쟈위 씨를 깎아내렸다. 결국 두 사람 사이에는 좁히기 어려운 틈과 오해가 생겼다.

학술적으로는 이런 현상을 '부정적 상호작용의 고리negative interaction loop'라고 한다. 이 순환 과정에서 두 사람은 서로를 끊임없이 자극한다. 융한 씨가 "애가 학교에 들어간 뒤로 계속 감기 기운이 있잖아. 선생님이 문제 있다는 거 당신은 정말 모르겠어?"라고 물어본 의도는 '내가 보기에 선생님이 잘 돌보지 않아서 아이가 자꾸 감기에 걸리는 것 같아. 정말 속상해. 우리가 어떻게 하면 좋을까?'일 것이다. "당신은 모르겠어?"를 "내 생각엔"으로 바꿔 말하면 이 문제에서 아내의 참여도는 낮추면서 동시에 아내에게 생각해볼 여유를 줄 수 있다. 처음부터 아내를 '참여형 대화법'으로 끌어들이면 아내는 어떤 부분에서는 반드시 명확하게 응대해야만 하는 책임을 짊어지게 된다. 남편의 말에 동의하는지 동의하지 않는지 대답해야만 하는 것이다. 소통이 인정과 부정, 옳고 그름, 흑과 백을 표명하는 데 갇혀버리면 논쟁과 반박으로 변질하기 쉽다. 그리고 논쟁이 한번 부정적인 순환을 타게 되면 상대방이 멀게 느껴지고 서로의 진심에 닿기 더욱 어려워진다.

부정적 상호작용의 고리를 풀지 못하면 오랜 시간 함께 지내 서로를 충분히 아는 사이라 해도 상대방이 진짜 하려는 말이 무엇인지 알아차리지 못할 수 있다. 그렇다면 이런 식으로 얼마나 많이 어긋나고 부딪혀야 진심에 닿을 수 있을까? 모든 커플은 확률에 도박을 걸어야 할 것이다. 그래서 가장 쉬운 방법을 택하는 것이 좋다. "넌 정말 모르겠어?" "너 어떻게 할 거야?" 식의 화법을 "우리 어떻게 할까?" "우리 대안을 생각해보자"로 바꾸는 것이다. '너'를 '우리'로 바꾸는 순간 두 사람은 서로의 조력자가 될 수 있고 나아가 관계의 지뢰를 피하면서 소통의 초점도 맞출 수 있다.

상처받은 아이는 외로운 어른이 된다

가까운 사이일수록 진심을 말하기가 어려울 수 있습니다. 그러니 더욱 참을성 있게 말해야 합니다. 간단한 연습을 해볼까요? 융한 씨와 쟈위 씨의 대화를 표면적 행위와 애착 메시지로 나눠봅시다.

융한		쟈위	
표면적 행위		**표면적 행위**	
옳다고 생각하는 이치를 계속 주장하고 논쟁하려 함. 반대에 부닥치면 쟈위를 탓하고 관심과 사랑을 철회함.		융한이 감정적으로 변하는 것을 막으려 보니 계속 학교 편만 드는 것으로 비춰짐.	
애착 메시지		**애착 메시지**	
내가 중시되지 않아	○	내가 중시되지 않아	○
버림받았어		버림받았어	
매력이 없어		매력이 없어	
영향력이 없어	○	영향력이 없어	○
통제력이 없어		통제력이 없어	
거절당했어		거절당했어	○
받아들여지지 않았어		받아들여지지 않았어	
사랑받지 못했어		사랑받지 못했어	
이해받지 못했어	○	이해받지 못했어	○
무능해 보여	○	무능해 보여	○

타인을 바라보는 시선	타인을 바라보는 시선
나는 틀리지 않았는데 왜 나를 이렇게 대할까?	나는 강요하지 않았는데 왜 나를 오해할까?
자신에 대한 생각	자신에 대한 생각
나는 최악이야. 아무도 나를 이해하려는 사람이 없어. 몰라! 내가 다 망쳤어.	나는 정말 무능해. 어떻게 해야 하지? 내가 다 망쳤는데 저 사람마저 나를 이해하지 못해.

융한 씨와 쟈위 씨의 겉모습과 행동은 매우 다른데 애착 메시지는 비슷하다는 점을 포착했나요? 융한 씨는 아내가 본성이 악독해 자식에게 관심이 없다고 믿고 싶지 않았기 때문에 계속 의견을 제시했습니다. 쟈위 씨는 남편에게 실망하기 싫고 남편이 고집스럽고 소통하기 어려운 사람이라고 생각하고 싶지 않았기 때문에 계속 학교 입장에 서서 얘기했습니다.

이렇게 겉으로는 의견이 맞지 않고 전혀 딴판인 사람들 같지만, 두 사람은 사실 자신이 이 문제를 진지하게 생각하고 있으며 상황을 바꿀 수 있다는 것을 상대방이 알아주기를 기대하고 있습니다.

얼마나 많은 커플이 이런 오해로 소통의 기회를 잃을까요? 우리는 끝없는 감정싸움을 바라지 않습니다. 싸우면서도 한편으로는 이렇게 울부짖고 바라는 것이지요.

상처받은 아이는 외로운 어른이 된다

"제발! 당신이 나를 정말 사랑한다면, 서로 상처 주는 이 싸움을 잠시 접고 휴전하자!" 하지만 누구도 지고 싶지 않죠. 이제 당신과 파트너 사이의 말다툼을 점검해보세요. 이와 비슷한 상황인가요? 파트너와의 관계를 돌아보기 위해 애착 메시지를 점검해보겠습니다! 다음 페이지에서 표를 완성해보세요.

표를 완성하고 파트너와의 관계에서 무엇을 새롭게 발견했나요? 당신의 마음과 상대의 마음이 일치하는 부분이 있나요? 다른 부분은 무엇인가요? 표시해보세요. 진심은 말하기 어려운데 불평하는 말에는 쉽게 힘이 실립니다. 상처를 주는 말은 더욱 파괴력을 갖지요. 이 표를 바탕으로 서로의 공통점을 끌어내 다시 상대방과 진심으로 소통해보세요.

예)
당신이 _____(존중받기를 원한다)는 것을 알아.
우리 둘 다 _____(아이들이 고통받는 건 원치 않아).
_____(보건 선생님) 문제에 더 적극적으로 대응해보자는 당신 말에 나도 동의해.
당신 말대로 우선 _____해보고(병원을 바꿔보고)
또 _____도 해보자(선생님에게도 더 신경 써달라고 부탁해보자).

나		파트너	
표면적 행위		표면적 행위	
애착 메시지		애착 메시지	
내가 중시되지 않아		내가 중시되지 않아	
버림받았어		버림받았어	
매력이 없어		매력이 없어	
영향력이 없어		영향력이 없어	
통제력이 없어		통제력이 없어	
거절당했어		거절당했어	
받아들여지지 않았어		받아들여지지 않았어	
사랑받지 못했어		사랑받지 못했어	
이해받지 못했어		이해받지 못했어	
무능해 보여		무능해 보여	
타인을 바라보는 시선		타인을 바라보는 시선	
자신에 대한 생각		자신에 대한 생각	

상처받은 아이는 외로운 어른이 된다

타인의 기쁨을 위해 살다

------------------------------ ✾ ------------------------------

인정받기 위해 내 행복을 버렸습니다

"내가 이렇게까지 했는데 이 이상 뭘 바라는 거야?" 사실 남편
은 좀처럼 이런 식으로 말하지 않았다. 불만이 하루하루 쌓여
온 끝에 오늘 드디어 반기를 든 것이다.

"뭘 더 어쩌라는 게 아니야. 그냥 당신이 좀 일찍 퇴근해서
들어왔으면 좋겠다고. 이게 잘못됐어?"

"내 마음대로 일찍 퇴근할 수 있는 줄 알아?"

"당신은 일이 일찍 끝나도 회사에서 게임이나 하잖아. 이 집
이 당신한테 그렇게 끔찍해?"

"당신은 만날 집에서 그 생각만 하는 거야? 머리가 어떻게
된 거 아냐?"

"나는 아무리 생각해도 당신이 집에 관심이 없는 것 같아. 최

대한 일찍 퇴근해서 바로 집으로 올 수 있잖아. 그게 어려워?”

“회사에서 소처럼 일하지, 집에 오면 구박받지……. 나보고 죽으라는 거야?”

이것이 남편의 첫 번째 폭발이었다. 퇴근해서 집에 들어오면 아내의 신랄한 말들이 그를 괴롭혔다. 아무리 생각해도 그동안 아내를 지나치게 배려해서 생긴 부작용 같았다. 한동안 그는 아내에게 걱정을 끼치고 싶지 않아서 회사 생활을 무척 편하게 하는 척했다. 부인이 자신을 능력 좋고 성실한 남편이라고 생각해주기를 바라는 마음에 매일 집에 오자마자 아이의 기저귀를 갈아주고 모든 집안일을 도맡아 했다. 늘 잠이 부족해서 눈가에 다크서클을 달고 출근했고 회사 화장실에서 몰래 부족한 잠을 보충했다.

아무리 피곤해도 아내를 힘들게 하고 싶지 않았지만 점점 힘에 부쳤다. 첫째 아이를 갖고부터는 부부 사이의 흥미도 떨어지기 시작했다. 시사 교양 문제 등에서 생각이 달랐고 상대방에 대한 요구와 불만이 무한정 쌓여갔다. 일상에 아이가 찾아오자 과거 부부간에 이심전심으로 맞췄던 호흡을 다시 새롭게 맞춰야 했고 세 식구가 된 일상에 적응해야 했다. 그는 아이를 낳는 순간부터 자유를 완전히 잃고 그 빈자리를 아내와의 갈등과 다툼으로 채우게 된다는 것을 진작 알았다면 차라리 딩크족으로 살았을 거라는 생각을 자주 했다.

하지만 그런 생각을 하면서 조그만 입술을 삐죽거리는 아이

상처받은 아이는 외로운 어른이 된다

와 눈이 마주치면 죄책감이 잔뜩 밀려왔다. 온화한 말씨로 아이를 달래던 아내가 고개를 홱 돌려 자신을 함부로 대하는 모습을 볼 때마다 견디기 힘들었고 자신의 일거수일투족이 다 잘못인 것만 같아서 기가 죽었다. 아이를 돌본다고 하는데도 서툴다 보니 전혀 도움이 되지 않는 것 같아 그저 제삼자처럼 밀려나 있을 수밖에 없었다. 더구나 그런 그의 노력은 단 한 번도 아내를 만족시킨 적이 없었다.

두려울수록 쉽게 실수를 저질렀고 아내에게 한마디 하려다가도 아내가 속상해할까 봐 겁이 났다. 그래서 목구멍까지 올라온 싫은 소리를 삼키며 자신이 욱하지 않기를 바랐다. '남편이라면 아내를 기쁘게 해줘야지'라고 생각하며 아내 곁에 있는 동안 '나는 행복한가?'라는 질문에는 대답할 엄두를 내지 못했다. 그는 다만 지금 아내의 기분이 좋지 않으니 잘해도 칭찬이나 인정은 못 받을 테고 잘못이라도 하면 오히려 경멸의 눈빛과 악담만 듣게 될 것이라는 생각밖에 할 수 없었다.

아내가 그악스러운 여자로 변해가는 모습을 두 눈 뜨고 지켜보면서도 아무것도 바꿀 능력이 없었다. 예전에는 아내가 횡포하고 억압적인 어머니에게서 자신을 벗어나게 해줄 독립심이 강하고 자신감 넘치는 여자라고 생각했다. 그는 여자친구의 마음에 들려고 애썼다. 어쨌든 아내가 자신을 집에서 탈출시켜줘서 감사했고 아내가 즐겁다면 그도 행복했다. 아내가 곧 그의 세상이었다. 아내에게 베푸는 삶을 살 수 있어서 기뻤다.

하지만 아내는 어머니만큼이나 비위를 맞추기 어려운 사람이었다. 아내는 그에게 너무 많은 불만과 원망을 품었고 아내의 요구가 늘어날수록 그는 마치 압력을 받으면 더 꼭 잠기는 압력밥솥처럼 되었다. 스트레스를 받을수록 더 아무렇지도 않은 척하는 그에게 돌아오는 것은 한층 더 횡포해진 아내의 태도였다. 그는 인정받지 못하고 존중받지 못한다고 생각하면서도 언제나 묵묵히 스트레스를 감내하고 짊어지기만 했다. 결혼을 통해 어머니의 속박에서 벗어날 수 있을 줄 알았는데 또 다른 어머니의 손아귀로 떨어지고만 것이다.

모두를 기쁘게 하는 인생을 살게 한 과거의 사슬

억눌린 그는 과거에 어머니의 시선을 간절히 바랐던 것처럼 아내에게 인정받고 존경받고 칭찬받길 원했다. 하지만 아이가 태어나자 모든 일이 낯설어졌다. 가뜩이나 부부 사이도 어려운데 초보 아빠까지 되니 이중의 불안이 찾아와 모든 것이 통제 불능에 빠졌다.

그렇다고 이 상황을 방치할 수도 없었다. 그는 부부 간의 불화가 가족 전체에 얼마나 큰 슬픔은 가져오는지 너무도 잘 알고 있었다. 바로 자신이 그런 가정의 아이였기 때문이다. 그의 어머

상처받은 아이는 외로운 어른이 된다

니는 아버지와 오랫동안 따로 떨어져 지냈다. 혼자서 너무 많은 짐을 져야 했던 어머니는 이를 악물고 오직 아이를 잘 키워내는 일에만 열중했다. 하지만 자기 마음이 울부짖는 소리를 듣지 못하는 엄마는 아이의 울음도 듣지 못한다. 어머니는 자기 자신에게 그랬듯 아이에게도 감정적인 요구를 허락하지 않았다. 감수성의 신경을 절단해버리는 바람에 아이의 정서적 욕구도 마비되었고 두 사람 다 타인의 기쁨을 위한 인생을 살게 되었다.

그러나 그가 자신의 즐거움을 남의 기쁨 위에 쌓은 것은 그 자체로 매우 위험한 일이었다. 그는 과거의 관성에 묶여 칭찬받지 못할까 봐 두려워하면서도 막상 칭찬을 받으면 스스로 가치 없다고 느끼는 고통의 사슬에서 벗어날 수 없었다. 원망이 차올라도 입으로는 상대방이 듣기 좋아하는 말을 하고 상대방이 좋아할 만한 일을 했다. 이런 시간이 쌓이자 누군가와 다툴 때 하고 싶은 말도 딱 부러지게 할 수 없게 되었다. 또한 다른 사람의 불쾌한 표정을 보는 것이 두려웠고 그 표정을 감당할 수 없었다. 그럴수록 상대방은 그의 마음을 읽을 수 없었고 그와 친밀해지지 못했다. 어린 시절에 주로 느꼈던 감정을 포기하는 일은 과거의 시공간에 나를 버려두고 오는 것과 같다. 내 감정을 바라볼 자신이 없어 눈을 꼭 감아버리니 상대방의 감정은 더욱 받아들이기 어렵다. 그는 눈앞에서 놀고 있는 아이에게 시끄러우니 조용히 하라고 말하고 싶어도 그런 생각만으로도 스스로 무척 나쁜 아빠라고 자책했다.

터놓고 마주하지 않으면
친밀해질 기회도 얻지 못한다

————————

어린 시절 주변 환경에 대해 무기력하고 저항할 힘이 없다고 느낄 때 방어기제는 빠르게 형성된다. 방어기제는 생존을 돕는 전략이다. 그런 기제가 없다면 우리는 그 많은 고통으로 인해 미쳐버릴지도 모른다.

방어기제 중 '부인否認 초기'는 자신을 둘로 분열시키는 단계다. 어떤 사람은 자신을 더 탁월하고 유능하게 변화시키는 과정에서 두려움, 당황, 공황을 느낀다. 하지만 그 감정들을 마주하기보다는 두려워서 잠시 한쪽으로 밀어두고 시간이 해결해주기를 기다린다. 하지만 이런 시간이 길어지면 자신의 진짜 감정을 더욱 부정하게 된다. 마음이 더 괴로워지는데도 무리하게 버텨나가고, 이렇게 버티는 것을 점점 여중호걸이나 사내대장부의 기개라도 되는 양 여기게 된다. 그러다가 마침내 '나는 아무도 필요하지 않아' '감정 따위는 필요 없어'와 같은 결론에 이른다. 하지만 이는 사실 '나를 이해해주는 사람은 없어' '내가 의지할 수 있는 사람은 나뿐이야'와 같은, 둘로 분열된 내면 자아의 감정을 조용히 호소하고 있는 것이다.

안타깝게도 친밀한 관계에서 진심을 드러내는 모험을 기꺼이 하지 못하면 서로 가까워지기 어렵다. 이런 억압된 상태는 친밀한 관계에서 충분히 장벽이 될 수 있고 오랜 시간 누적되

상처받은 아이는 외로운 어른이 된다

면 서로에게 다가가거나 상대방을 깊이 이해할 기회를 가로막는다. 때문에 그 후에 일어나는 다툼은 상당한 파괴력을 가질 수밖에 없다.

우리는 남이 자신의 내면을 속속들이 들여다보지 않았으면 할 때, 먼저 자신의 감정을 차단해버리고 자신을 알쏭달쏭하게 만든다. 또한 감정의 중요성을 인정하지 않고 자신을 과도하게 이성적인 상태로 밀어붙인다. 심지어는 느끼는 것을 거부하고 더 나아가 느낌이란 아주 이상하고 우스꽝스러운 것이라고 여기거나 또는 '충분히 강하지 못한 사람들이나 나약한 감정 따위를 가지는 거야'라고 자기 해명을 하기도 한다. 이런 상태가 지속되면 타인의 비판과 평론을 더욱 두려워하게 된다.

이런 상태에 놓여 있는 부모라면 아이가 자기만의 감정을 갖는 것을 허락하지 않을 것이다. 아이에게 감정이 불필요하다고 여기면서 한편으로는 그 감정을 비웃을 수도 있다. 감정을 부정당한 아이는 더 쉽게 수치심을 느끼고 무언가를 잘해내지 못했다고 생각한다. 이런 상황이 계속되면 이 집에서는 감정을 표현하는 것이 더 어려워질 것이고, 아이는 '느끼는 바를 말해봤자 비꼬거나 조롱할 것이 뻔하니 차라리 표현하지 말자'라는 방향으로 마음을 바꾸게 된다. 이렇게 해서 억압된 심리 상태가 뜻밖에 대물림되는 것이다. 친밀한 관계에서 이런 경우가 더 자주 나타난다. 배우자가 감정을 허용하지 않는 사람이라면, 당신의 나약함과 적나라한 내면을 보고 냉소적으로 비웃거나 당신이 그런 모습을 드러내지 못하게 할 수도 있다. 이것은 모두 방어적인 심리 상태이며 '나 자신의 감정을 허락하지 않으니 다른 사람의 감정도 허락하지 않겠다'라는 심리의 발현이다.

과거를 반복하는 주체는
자기 자신이다

거듭되는 수치심과 자기혐오, 자기경멸이 이런 식으로 계속 전해져 결국 주변 사람들까지도 괴로워하면 안 되고, 무능하면 안 되고, 나약하면 안 되는 사람으로 물들여버리는 것은, 실은 우리가 자기 자신의 감정도 감당하지 못하고 타인의 감정도 감당하지 못하기 때문이다. 또한 쾌락을 위해 과거와 똑같은 비극적인 상황을 재연해놓고 강박적인 반복 행위를 하는 것이기도 하다. 하지만 강박적인 반복 행위는 훌륭한 기회가 될 수 있다. 현실에서 감정을 경험하고 깨끗이 청산하면 그 강박은 사라지기 때문이다.

하지만 이 기회가 유용하게 쓰이지 못하면 강박적인 반복 행위는 계속될 것이고 갈등은 줄어들지 않고 겉모습만 바꿔 끊임없이 재연될 것이다.

상처받은 아이는 외로운 어른이 된다

친애하는 당신에게,

갈등과 감정 기복을 두려워할 필요가 없습니다. 그것도 인생의 일부분이기 때문이죠. 사람은 모두 매일 매 순간 다른 감정을 느낍니다. 농구 시합에서 지면 서럽고 상을 타면 기쁘고 친구들과 오해가 생기면 낙담하죠. 모두 지극히 자연스러운 일입니다. 그런데 언제부터 이런 감정을 그대로 표현할 수 없게 되었나요? 우리는 언제부터 감정 없는 어른이어야만 했나요? 자, 이제 눈을 감고 숨을 깊게 들이마셔보세요. 천천히 마시고, 다시 천천히 내뱉습니다. 이 들숨과 날숨에는 산소가 가득합니다. 편안한 느낌을 느껴보세요. 살아 있음을 느껴보세요. 우리는 이성의 세계에서만 살지 않습니다. 감정의 세계도 분명 있죠. 우리에게는 슬픔, 즐거움, 괴로움과 행복이 있습니다. 지금 마음 깊은 곳에서 천천히 떠오르는 그 감정에 집중해보세요. 수치스럽다면 그 수치가 얼굴을 드러내고 나오게 하세요. 속상하다면 그 속상함도 밖으로 나오게 하세요. 감정의 흐름은 파도와 닮았습니다. 휘몰아치는가 하면 물러날 때도 있죠. 지금 이 호흡을 통해 숨겨진 감정을 충분히 드러내세요. 그 후 다시 자신과 만나고 자신을 알아가도록 합시다.

우리 모두의 인생에는 커다란 선물과 도로 거두어들이기를 기다리는 물건이 함께 숨어 있습니다. 그것들이 일상의 신진대사 속에서 자연스럽게 순환하고 있습니다.

상처받은 아이는 외로운 어른이 된다

바보 같은 행동을 합리화하다

❋

착한 장녀의 모습을 내려놓지 못했습니다

"마셔라! 마셔!" 그는 접대나 회식 후 집에 돌아가지 않는 밤을 좋아했다. 그는 아내를 아무것도 아닌 사람 취급했지만, 이 바보 같은 여자의 마음은 일편단심 그에게만 향해 있었고 매일 그를 걱정했다.

"여보, 오늘 제조회사에서 식사를 대접하겠다는데 빠질 수가 있어야지. 좀 늦을 거야!" 아내의 대답은 듣지도 않고 그는 전화를 끊어버렸다. 처음부터 통보하려는 것이었지 동의를 얻을 생각은 없었다. 그가 이렇게 제멋대로 구는 이유는 아내를 잘 알기 때문이었다. 아내는 밖으로만 돌고 집에 늦게 들어오는 그를 원망하면서도, 집에 들어와서 주책없이 자화자찬을 늘어놓는 그를 묵인했다.

남편이 집에 없을 때 아내는 '일 때문이겠지? 그이 사업이 더욱 번창할 거야!'라고 스스로에게 말했다. 아이에게도 아빠가 밖에 나가 열심히 일하는 덕분에 우리는 곧 부자가 될 거라고 말했고 공부 열심히 해서 아빠에게 걱정을 끼치지 말아야 한다고 당부했다. 아내는 그 소망 하나를 붙들고 자기 자신을 타이르며 몇 년을 견뎠다.

내적 결핍이 있는 여성이 허풍떠는 남자에게 의지하는 이유

───────

아내는 원가족에서 어머니 노릇을 하는 맏이였다. 남동생과 여동생이 태어난 후로는 자신의 욕구를 내려놓은 채 가족을 위해 희생해야 했고 언제나 대세를 중시해야 했다. 그것이 부모가 기대하는 착한 장녀의 모습이었다.

그녀라고 사랑을 갈구하지 않았던 것은 아니었지만 무언가 바라기만 하면 부모로부터 "이기적이다" "자기밖에 모른다" "동생들이 가엾지도 않으냐?" 등의 핀잔을 들었다. 그래서 자기 생각을 억누르고 입가에 맴도는 말을 삼키기 일쑤였다. 말을 많이 해서 실수할까 두려웠고 무책임하고 남을 배려하지 않는다는 말을 들을까 봐 두려웠다. 이렇게 자존감이 낮은 여성이 자기애 넘치는 허풍쟁이 남자를 의지하게 되었다. 결혼한

상처받은 아이는 외로운 어른이 된다

이후에는 매일 혼자서 묵묵히 집안일을 마치고 아이 하원 시간을 기다리는 일과를 반복했다. 아이를 토닥여 재우고 나면 또 서둘러 뜨끈한 해장국을 끓여놓고 텔레비전을 보며 남편이 집에 오기를 기다렸다.

무시당하는 현실을
끊임없이 합리화하다

———

'남편이 잘돼야 내가 잘된다.' 그녀가 마음속으로 늘 하는 생각이었다. 그저 남편의 뒤를 묵묵히 따르며 뒷바라지만 잘하면 된다고 생각했다. 그녀는 남편이 돈을 잘 번다고 이웃에게 신나게 자랑하면서 그들이 우러러 봐주기를 기대했고 그래야 아이의 체면도 선다고 믿었다. 집안일을 살뜰히 돌보는 것도 단지 남편이 밖에서 기가 살길 바라서였다. 그녀가 최선을 다해 집안을 잘 단속하고 말을 조심하고 남편에게 경외와 존경을 눈빛을 보내면 부부는 아무 일 없이 평온할 수 있었다.

물론 그녀는 시댁, 이웃, 친구, 친정, 아이들 그리고 남편의 칭찬이 필요했다. 그래야만 존재감을 느낄 수 있었다. 그녀는 '다른 사람이 우리를 어떻게 생각할까?' '우리를 어떻게 볼까?' 하는 문제에 가장 많은 에너지를 소비했다. 이런 생각이 사고체계를 완전히 지배했고 사랑과 관심을 잃을까 봐 두려웠다.

사실 그녀의 남편도 마찬가지였다. 대외적으로는 우월감이 강한 남성이었지만 실은 자기 자신을 극도로 멸시하는 사람이기도 했다. 그가 집에서 느끼는 우월감은 아내의 의존적인 눈빛에서 비롯된 것으로 그 외의 다른 역할은 엉망진창이었다. 그는 아이의 울음소리와 일상생활의 자질구레한 일들을 감당할 수 없었다. 더욱이 언제나 손만 내미는 부모님과 처가의 시선에는 어떻게 대응해야 할지 몰랐다.

그는 그냥 남편일 뿐인 자신을 경멸했다. 그래서 부인이 남편의 직무와 책임을 요구하면 "나 바쁜 거 안 보여?"라고 쏘아붙였다. 그는 타인을 억압하는 방식을 통해서만 편안해질 수 있었다. 그러면 초라한 모습으로 쓰레기를 버리러 나가지 않아도 됐고, 절친한 친구의 짜증 나는 위로와 관심에 대응하지 않아도 됐으며, 특히 아이의 정서적 요구에도 대응할 필요 없이 완벽하게 도망칠 수 있었다. 사실 아내 앞에서 허세를 부릴 때야말로 극도로 불안하고 초조한 상태였다.

그는 자신이 모든 상황을 훌륭하게 돌보는 완벽한 아빠, 완벽한 직장인, 고액 연봉자라는 환상을 품었다. 하지만 아내가 자신의 진짜 모습을 간파하고 떠날까 봐 두려웠고 잘나가는 남자의 이미지가 깨질까 봐 두려웠다. 그는 늘 두려웠고 언제나 도망쳤다. 이런 정서는 가출하거나 학업을 포기하는 청소년의 심리와 무척 닮았다. 그들은 스트레스를 맞닥뜨리면 가능한 한 도망치려 하지만 성숙한 사람은 눈앞에 닥친 스트레스에 맞설

상처받은 아이는 외로운 어른이 된다

대책을 세운다. 하지만 그는 그렇게 하는 방법을 몰랐다.

내면의 불편함은
공생으로 해결할 수 있다

———————

부부가 마음속에 불편함이 있다면 서로 그만큼의 위안을 제공해야 문제를 해결할 수 있다. 하지만 이 부부의 내면은 무척 성숙하지 못했다. 아내는 남편이 잘났다고 떵떵거려야 초조한 마음이 가라앉았고 생활에 희망이 생겼다. 남편은 아무리 제멋대로 굴어도 묵인해주는 아내 덕분에 책임으로부터 도피할 수 있었다. 남편은 거드름을 피우는 방식으로 내면의 균형을 찾으려 했고, 아내는 남존여비라는 해묵은 관념에 의지해 남편의 행위를 합리화함으로써 남편에게 품은 환상을 지속하고 남편에게 의지하고자 했다.

연애 관계에서 우리는 때로 상대방을 사랑하는 게 아니라 자신이 상상 속에서 만들어낸 이미지를 사랑한다. 아내는 전통적이고 온순하고 순종하는 여성의 이미지를 통해 외부의 인정을 얻고 남편의 칭찬과 사랑을 받으려 했다. 남편은 '남자는 하늘, 여자는 땅' 같은 명제를 명분으로 삼아 바깥으로 도는 남자와 허풍 떠는 남자에 대한 합리적인 정당성을 찾으려 했다.

너의 절반이 나의 절반과
일치하는 것은 아니다

————

어떤 결혼은 깨진 도자기 인형과 같다. 서로의 파편을 주워다 억지로 맞춘 것처럼 위태롭다. 이런 결혼 생활을 하는 부부는 파편을 주워 맞추면서도 어렵게 맞춘 조각이 비바람과 뙤약볕에 또다시 깨지지 않도록 조심한다.

애착 이론을 통해 우리는 불안정 애착형 성인이 불안정한 내면 때문에 자기 자신에 대해 늘 일희일비한다는 것을 알았다. 그들은 과거 중요한 타인과 소통했던 감정을 상기하며 지금의 중요한 타인이 진정으로 자신을 걱정하고 사랑하는지, 별안간 자신을 포기하거나 혐오해 떠나버리지는 않을지 몹시 초조해한다. 이들의 조바심은 사실 유년기부터 멈춘 적이 없다. 버림받을지 모른다는 두려움 때문에 상대가 자신을 지나치게 조종하면 불안한 마음이 들면서도 대부분은 무시당하는 상태에 안주해버린다.

이런 사람은 사랑이라는 감정을 통해 상대방의 내면을 이해하기가 쉽지 않다. 대화를 통해 내면의 불안감을 털어놓고 균형을 잡기는 더욱 어려울 것이다. 이들은 상대방의 반쪽만 바라본다. 자신을 지탱해주는 그 반쪽 말이다. 자신이 없더라도 존재할 의미가 충분한 상대방의 나머지 반쪽은 소홀히 여기고 바라보려 하지 않는다.

상처받은 아이는 외로운 어른이 된다

나를 그렇게 대하도록
내가 길들였다

———

대인과정이론에서 원가족 경험을 특히 중요하게 생각하는 이유는 습관이 어떤 특질을 형성하기 때문이다. 예를 들어 어떤 사람은 의존적이고 어떤 사람은 독립적이며 어떤 사람은 순종적이고 어떤 사람은 충돌을 유난히 두려워한다. 이것은 모두 일종의 특질인데, 특질이 강화되면 타인이 자신을 어떻게 대할 것이라는 예측도 강화된다. 그 예측에 따라 타인을 대접하는 것은 일종의 끌어들임으로 특질을 더욱 강화하는 방식으로 자신을 대하도록 타인을 훈련시키는 것이기도 하다. 누군가에게 자주 의존하는 사람은 기쁨과 굴욕감 사이에서 배회한다. 반면 갈등을 두려워하는 사람은 화를 쉽게 드러내지 못해서 답답함과 무력감에 자주 시달린다. 이런 감정의 기복은 모두 특질이 끌어들인 결과이다. 대인과정이론에서는 이런 현상을 '특질화 감정'이라고 부른다.

특질화 감정은 한 사람의 운명에 하나의 기조를 정하고 나아가 이러한 특질로 인한 '특질화된 관계'를 발전시킨다. 우리는 모두 관계에 한 조각의 책임이 있다. 상대방이 나를 그렇게 생각하고 그렇게 대하도록 내가 허락했기 때문이고, 또 어느 정도는 상대방이 그렇게 행동하도록 내가 끌어당겼기 때문이기도 하다.

상상해보세요. 이번 사례의 아내가 자기 자신으로 살 줄 알았다면 이야기의 흐름은 완전히 달라졌을 것입니다. 남편이 아내와 말다툼을 할 수도 있겠지만 더 존중하는 태도를 보였을 것이고 그녀를 아무것도 아닌 사람으로 취급하지도 않았을지 모릅니다. 이야기의 결말은 두 사람의 관계가 어떻게 발전하느냐에 따라 달라질 수 있습니다. 그러니 특질이 달라지면 유발되는 감정도 달라지고 이야기의 결말도 달라집니다. 관계의 모든 단계에서 상대방이 당신을 어떻게 대하느냐는 어느 정도 당신이 허락한 결과라고 볼 수 있습니다. 인생은 반복의 연속이라는 점을 곧 깨닫게 될 것입니다.

상처받은 아이는 외로운 어른이 된다

철들지 않은 남자와 결혼하다

---- ✽ ----

나와 정반대의 남자에게 끌렸습니다

"결혼하고도 이렇게 무책임하면 어떡해?" 그날 아내는 남편에게 잔소리를 퍼부었다.

"내가 뭘 어쨌다고? 할 일 다 했잖아!" 남편은 아내의 말이 도통 이해가 가지 않는 듯 못마땅해했다.

"내가 이거 하라면 딱 이것만 하고, 저거 하라면 딱 저것만 하고, 말 안 하면 아무것도 안 하잖아." 아내는 지쳐서 녹초가 될 지경이었다.

솔직히 결혼 후 가사분담에 이토록 자발적이지 않은 배우자를 누가 견딜 수 있을까?

"경고하는데 당신 그런 말투로 나한테 말하지 마!" 남편은 아내의 원망 가득한 말투를 들을 때마다 기분이 나빴다.

"기분 나쁘면 귀를 막든가!" 아내가 그렇게 한마디 던졌다.

"네가 말을 말든가!" 그는 말꼬리를 잡고 늘어지는 아내가 잘못이라고 생각했다. 이런 말다툼은 정말이지 지루했다.

결혼 후 두 사람은 서로 벽에다 대고 얘기하는 것 같은 결론 없는 싸움만 할 뿐 도무지 소통이 안 되었다. 일상의 시시콜콜한 문제부터 서로의 태도 지적까지 논점을 잃은 싸움이 반복됐고 결국 못 견디는 쪽이 집안일을 도맡았다. 오죽하면 집안 어른들도 남편에게 한마디씩 했다. "남편이라는 사람이 말본새가 그게 뭐냐?"

어른들이 지나가듯 던지는 말을 들을 때도 아내는 짜증이 났다. 현실을 바꿀 수 없었고 남편에 대한 혐오감마저 생겼다. 친정 어른들이 남편을 흡족해하지 않는 것을 알았지만 처음에는 남편의 이런 소탈하고 거리낌 없는 면을 좋아했다. 남편은 단순하고 생각을 너무 많이 하지 않았으며 매사에 크게 신경 쓰지 않았다. 반면 그녀는 감상적이고 시시콜콜한 걱정이 많은 편이었다. 그녀가 부정적인 생각을 말할 때마다 남편은 이렇게 말했다. "당신이 그렇게 생각할수록 나쁜 일을 끌어들이는 거야. 나처럼 아예 그런 생각을 안 하면 나쁜 일은 일어나지 않아." 엉터리 논리였지만 잠시나마 자신의 걱정을 잠재워주는 것 같았다.

아내는 원래 남편을 피난처로 여겼다. 남편이 비현실적인 계획을 늘어놓을 때마다 눈만 높고 능력은 없다고 생각하면서도

상처받은 아이는 외로운 어른이 된다

또 그런 허무맹랑한 면을 좋아했고 그 속에서 예전에는 경험한 적 없는 신선한 즐거움을 얻었다.

부모의 결혼 생활을 되풀이하지 않으려다
또 다른 관계 지옥에 떨어지다

———

외도하는 부모님 밑에서 자란 그녀는 결혼 생활이 좌초되는 순간을 맞이하고 싶지 않았다. 아이에게 복잡한 인생을 직면하게 하는 것은 더욱 싫었다. 어릴 적부터 그녀는 주변 어른들의 기대에 부응해야 했고 가족 구성원 각각의 상처를 살피느라 너무 일찍부터 힘들었다.

부모님의 전철을 절대 밟지 않기를 묵묵히 바랐지만 매번 살얼음판을 걷는 듯한 연애를 하면서 걱정을 멈출 수가 없었다. 주관이 지나치게 뚜렷한 남자, 너무 다정한 남자, 달콤한 말을 잘하는 남자, 조건이 너무 좋은 남자 등은 배우자로서 내키지 않았다. 하지만 고르고 골라도 여전히 불안했다. 이 남자는 너무 다정하고, 저 남자는 생각이 너무 많고, 저 남자는 인격이 너무 고매하고, 저 남자는 너무 인기가 많고……. 안전하다는 느낌을 주는 남자는 한 명도 없었다.

결국은 언제나 틀을 벗어나 과감한 사고를 하는 철없는 남자를 택했다. 남자는 미래를 계획하는 법이 없었고 오직 현재의 쾌락만을 추구했다. 센스 있는 유머 감각이 그녀의 마음에 종을 울렸고 그와 함께 있으면 안전하고 편안했다.

남자와 함께 있는 시간을 그녀는 무척 소중히 여겼다. 그와 함께라면 현실의 문제에서 벗어날 수 있었다. 그가 순수하게 그녀를 웃겨주면 그 순간 모든 고민이 녹아 없어져버렸고 이대로 조금만 더 용기를 내면 더 많은 가능성에 부딪혀볼 수 있을 것 같았다. 이는 모두 그녀가 살면서 단 한 번도 가져보지 못한 느낌이었다.

그래서였을까? 그때는 시간 감각도 없고 단순한 아이 같고 계산하거나 꿍꿍이 부릴 줄 모르고 고민 없이 하고 싶은 대로 해버리는 이 남자가 최적의 동반자라고 생각했다. 무척 직관적이고 매사에 부담을 느끼지 않고 생각한 대로 행동하는 모습이 대단해 보였다.

누군가와 말다툼하는 남자를 볼 때 그녀는 어쩜 저렇게 눈치 보지 않고 자기주장을 관철할 수 있는지 신기했다. 그녀는 살면서 한 번도 해보지 못한 일이었다.

"네 남자친구 완전 시크하고 멋있어!"

"네 남자친구는 맞는 말을 거침없이 잘해서 매력적이야!"

"저렇게 자기주장 확실한 남자가 너한테는 깜빡 죽잖아. 대체 어떻게 꼬신 거니?"

친구들도 그녀를 부러워했다.

상처받은 아이는 외로운 어른이 된다

남편의 성격도 아내의 소심함도
변함이 없다

———

솔직히 남자친구가 왜 자신처럼 쓸데없는 걱정을 사서 하는 여자를 받아줬는지 그녀도 알 수 없었다. 하지만 둘이서 함께라면 기꺼이 생기 넘치는 모험을 떠날 수 있었고 뒷일은 걱정하지 않을 수 있었다.

그녀는 오래전부터 이것저것 신경 쓰고 걱정해야 했던 애어른 노릇에 지쳤다. 불평 한 번 하지 않는 나약한 선비 노릇도 싫었다. 이런 인생에 넌덜머리가 났다. 자신도 남자친구처럼 소탈할 수 있다면 얼마나 좋을까? 결혼 후에도 남편이 매사를 계획하지 않고 십 대 소년처럼 천진난만한 모습으로 산대도, 그녀는 그 모습에 똑같이 반할 것이었다. 남편의 소탈함 덕분에 스트레스를 내려놓고 힘을 뺄 수 있었다.

하지만 결혼 후 여전히 한결같은 남편의 태도 때문에 둘은 자주 싸웠다. 아내는 자신이 변했다고 생각했다. 이제 그녀는 공평함을 추구했고 도움의 손길과 남편의 협조가 필요했지만 남편은 번번이 도망쳤다. 아내는 결혼은 두 집안의 결합이며 두 사람이 일을 분담해 가정을 유지하는 과정이라는 사실을 깨닫게 되었다.

아내는 순진하게도 남편이 결혼을 계기로 자신과 동반 성장할 거라고 믿었다. 남편을 선택한 그 날부터, 그녀는 기꺼이 남편과 마주 보며 성장하려 했다. 오랜 기간 교제하면서 어떤 남자가 되어야 한 가정을 책임질 수 있는지 얼굴을 맞대고 가르치기도 했다. 남편이 애초에 그럴 마음이 있었다면 굳이 가르칠 필요도 없었다는 점은 미처 생각하지 못했다. 그를 변화시킬 수 있다고 믿었지만 현실은 그렇지 않았다. 언제나 파격적이고 자유와 독립을 좋아하는 남편은 자기중심적인 습성을 결혼 후에도 이어갔다.

결혼이라는 틀에서 벗어나기 위해 남편은 결혼 생활의 책임을 도전으로 간주했다. 그의 기상천외한 사고방식, 비현실적인 계획, 견제와 타협을 거부하는 성향으로 부부는 의견 충돌이 잦아졌고 싸우는 날이 늘어났다. 남편은 자신의 개성을 이제는 좋아해주지 않는 아내에게 마냥 자유를 요구할 수도 없었다. 아내는 심한 무력감을 느꼈다. 그저 다른 사람들처럼 미래를 계획하고 남편과 현실적인 문제들을 상의하고 싶다는 바람을 이루지 못했다. 결혼 생활이 이렇게 버거울 줄은 전혀 예상하지 못했다.

행복하려고 만난 두 사람이 모두 이렇게 나란히 불행해졌다.

상처받은 아이는 외로운 어른이 된다

배우자는 나와 달라야 할까, 닮아야 할까?

———————

결혼을 앞둔 두 사람은 서로에게 공평하게 대접하고 공평하게 베풀어야 한다. 결혼을 통해 인생의 결핍을 채우려 들면 그 결혼 생활은 극단으로 치달을 수밖에 없다.

아이를 키우는 엄마인 한 내담자가 이런 말을 했던 기억이 난다.

"우리 아이는 태어난 지 얼마 되지 않아 발달지연 판정을 받았어요. 그날부터 남편과 전혀 다른 길을 걷기 시작한 것 같아요. 저는 아이를 데리고 재활 치료나 감각통합훈련을 하러 다녔지만, 그이는 주말에 여전히 등산을 가고 친구들 모임에 참석했어요. 자기랑은 전혀 상관없는 일인 듯 굴었죠. 그래서 제가 물었습니다. 당신은 어쩌면 그렇게 나 몰라라 할 수 있냐고요. 그랬더니 남편은 오히려 제게 왜 이렇게 쓸데없는 걱정이 많냐고 반문하더군요. 그때 우리가 전혀 다른 세상에 살고 있다는 생각이 들었습니다. 남편은 아이를 위해 자기 일상을 조정하거나 바꿀 생각이 전혀 없었던 거죠. 그 사람은 자유를 원했고 저는 자유를 희생하기를 바랐던 겁니다. 결국엔 제가 즐거움을 마다하는, 오히려 고통받아도 싼 사람이 된 거예요."

배우자는 나와 달라야 좋을까? 아니면 닮은 편이 나을까? 아주 오랫동안 사랑과 결혼을 둘러싸고 논의가 끊이지 않는 주제다. 하지만 어느 쪽이든 분명한 것은 제대로 된 사람을 택하고 싶다는 점이다. 원가족으로부터 받은 상처나 고통을 해결하기 위해 또는 더 나은 삶을 추구하고 흉한 것을 피하고자 결혼을 선택한다면 또 다른 수렁에 빠질 가능성이 크다. 아마도 우리가 아버지나 어머니를 인정하지 않아서 그와 상호보완적인 성격을 가진 사람을 택하거나 또는 부모 중 한쪽을 인정해서 비슷한 유형을 선택하는 것은, 그런 방법을 통해 부모가 보여준 나쁜 관계를 되풀이하지 않기 위해서일 것이다. 하지만 오히려 그로 인해 또 다른 문제가 파생되기도 한다.

혹자는 "결혼은 사랑의 무덤이며 시댁이나 처가는 목을 치는 살수, 내연 상대는 무덤 도굴꾼, 이혼 합의서는 심폐소생술 포기 각서다"라고 말한다. 결혼 생활 중 뜻밖에도 사건 사고와 재앙이 수없이 닥치지만 우리는 그것들을 예측할 수 없다. 오직 배우자와 굳게 손을 잡고 살수는 우리 사랑을 죽일 수 없고, 도굴꾼은 침입할 수 없으며, 심폐소생술 포기 각서 따위는 필요치 않다고 믿어야 검은 머리가 하얗게 셀 때까지 해로하며 사이좋게 지낼 수 있는 것이다. 사랑할 때 가장 중요한 것은 '서로'다. 서로가 있어야 꽃나무를 가꾸듯 상대방에게 물을 줄 수 있다. 나의 반쪽이 나를 잘 대해주면, 나도 내 반쪽을 배려하며 갖가지 위험을 함께 헤쳐나가야 한다. 서로 응원하고 지지하며 각자의 공간을 지키고 목적한 바를 이룰 수 있게 도와야 한다. 그래야만 부부가 나란히 성장할 수 있다.

상처받은 아이는 외로운 어른이 된다

인생의 길을 손잡고 걸어가려면
마음의 밭을 가꿔라

———————

사례 속 아내는 결혼 생활에서 일어날지도 모르는 뜻밖의 사건을 지나치게 두려워한 나머지 모든 연애에서 예민하게 행동했다. 결국엔 책임감이 적고 환상에 젖어 있으며 심리 상태가 청소년에 가까운 남자를 선택했다. 남자의 천진난만함이 가볍고 편안한 정서를 가져다준다는 것 외에도 그녀가 무엇보다 중요하게 여긴 점은 상대를 파악할 수 있고 예측할 수 있다는 점이었다.

남편의 심리 상태는 영락없이 심리학자 융이 제기한 '영원한 소년/소녀 Puer aeternus' 에 해당한다. 융은 심리 발달이 평생에 걸쳐 이뤄지는 일이라고 보았다. 청소년기에 우리는 자신이 어떤 사람이 될지 인지하는데 이 단계에서 적절한 자아 정체성을 찾지 못하면 계속해서 미성숙한 상태로 남게 된다. 이렇게 되면 겉모습은 자라도 내면은 청소년 상태에 머물러서 책임지지 않고 언제나 틀에서 벗어나려 하고, 천진난만한 성격을 끌어안고 현실에 지나친 환상을 적용해서 행위가 초래할 결과와 책임을 회피하게 된다. 또한 본능의 영향을 잘 받기 때문에 매사에 직관적으로 판단하고 계획 없이 무작위로 행동하는 경향이 있다. 결과에 대해서는 별로 고려하지 않고 자신은 매우 독특한 존재이기 때문에 행운의 여신이 분명 자기편이 되어줄 거라고 믿으며 모험적인 성향을 보인다. 무언가를 하겠다는 선언을 곧잘 하지만 대부분 미래의 어느 시점에 할 예정이지 지금은 아니다. 따라서 그들의 시간은 가능성과 상상력으로 가득 차 있다.

이는 청소년이 미래에 많은 기대를 거는 모습과 비슷하다. 청소년 시기에는 오늘은 컴퓨터 공학을 공부하고 싶다가도 내일이면 장사를 하고 싶어 한다. 변화와 가능성은 그들에게 필연이며 젊음이 그 밑천이다.

다만 삼사십 대가 되어서도 이런 상태를 유지하면 시간은 멈춰버린다. 이들은 계속해서 당당하게 꿈을 꾸고 아직도 많은 가능성이 있다고 생각하며 다른 사람들처럼 애쓰고 쫓기는 평범한 삶을 살지 않으려고 한다. 이 상태에 머물면 개체화 과정이 진행되기 어렵다. 융은 영원한 소년과 소녀는 자신이 특별한 운명을 타고났으며 하늘이 반드시 자신을 돌봐줄 거라고 믿는 등 철없고 천진난만한 생각을 하기 때문에 분리개별화 과정이 일어나기 어렵다고 말한다.

분리개별화에 성공하지 못한 사람은 쉽게 상처를 받는다. 관습에 얽매이지 않고 견제받는 기분을 몹시 싫어하기 때문에 마음대로 행동할 수 없는 단체 생활이나 조직에 편입되면 손발이 묶이는 것 같은 느낌을 받는다. 성장하는 일, 특히 결혼 생활 안에 도사리는 수많은 자기 타협과 희생을 필요로 하는 일들은 그들에게 아킬레스건이다. 자기만의 개성과 매력, 행운의 여신에게 선택받았다는 환상을 희생해야만 하기 때문이다. 개별화

상처받은 아이는 외로운 어른이 된다

과정을 거치면 그들의 개성은 한 조각 그림자로 희미해져버린다. 서서히 현실 세계의 평범함에 안주하고 자신을 포함한 그누구도 완벽하지 않다는 사실을 깨닫게 되면, 자신과 배우자에대한 반감이 서서히 줄어들면서 자신의 상태를 차차 받아들일수 있다. 비로소 성숙한 어른이 되는 것이다. 틀 안에 들어온 것을 억울해하거나 불평불만을 터뜨리거나 성장의 대가로 마음이 소란스러워지지는 않을 것이다.

마침 사례 속 아내는 규칙을 중시하고 책임감이 있으며 합리적으로 행동하는 사람이었다. 이런 책임감 있는 행동이 바로영원한 소년의 그림자다. 서로 성장하려는 마음을 보이고 각자의 상태를 자각하여 능동성과 성장 동기를 키울 수 있다면, 부부는 살면서 단계적으로 전환점을 맞이할 수 있을 것이다.

그러니 나와 다른 사람과 닮은 사람 중 누가 배우자로 적합한지 묻는다면, 그에 대한 정답은 없다. 더군다나 우리는 배우자를 고르는 과정에서 잠재의식의 짝짓기를 진행한다. 아마도아내는 불안을 바로잡으려고 영원한 소년을 배우자로 선택했을 것이다. 양쪽이 모두 변할 수 있다면 아내의 선택을 옳고 그름의 관점으로 바라볼 일이 아니게 된다.

사실 남편과 아내가 모두 성장하려면 두 사람 사이의 친밀함과 의리, 그리고 소망에 따라 앞으로의 긴긴 인생의 길에서어떻게 손을 맞잡을지 결정해야 한다.

다시 선택하고 싶다고 생각했을 때 당장 변화를 시작하세요. 불안에 쫓기며 성장하지 않으면 좋겠지만 불안 때문에 제자리에 머물러 자라는 걸 거부하지는 말기로 해요. 과거를 바로잡으려다 현재를 망치지는 않겠다는 전제를 두고, 자신이 이 결정을 내린 근원을 파악하는 것이 중요합니다.

당신은 어떤 삶을 살고 싶은가요?

_____

가족 중 누구 때문에 그런 생각을 하게 되었나요?

_____

당신이 선택한 새 길을 함께 걸어갈 사람은 누구인가요?

_____

위와 같이 마음속 청사진을 그리고, 그것이 배우자도 원하는 바인지 꼭 대조해보세요. 그래야만 소통을 통해 차이를 알 수 있고 협의와 조정의 과정을 밟을 수 있습니다. 상대방을 악의적으로 부정하는 것이 아니라 단지 나와 다른 상대방의 리듬을 이해하는 것일 뿐입니다. 차이점을 토론하고 조율하며 함께 노력할 목표를 찾아내는 것이 악담을 하는 것보다 의미가 있을 것입니다. 우리는 원가족을 선택할 수 없지만 아이에게는 우리가 바로 원가족입니다. 배우자와의 관계는 서로의 의지와 지혜를 시험하는 관문일지도 모릅니다. 우리는 모두 상처를 입고 떠난 적이 있습니다. 하지만 뒤돌아서 다시 처음으로 돌아가도 여전히 사랑을 주는 사람이 될 수 있습니다.

남보다 못한 아내와 살다

❋

열등감을 덮을 조건에만 집착했습니다

"사장님, 제법인데? 남부러울 것 없어도 딱 하나, 와이프가 없어서 허전했는데 올해 드디어 가는구나!"

외국계 기업의 CEO인 그는 생활 반경도 좁았고 변변한 사교 모임도 없었다. 비록 유학 시절에 연애를 몇 번 하긴 했지만 깊은 감정으로 이어지지는 않았다. 키가 작은 그에게 사람들은 뛰어난 학벌과 직장이 없었으면 여자들이 쳐다보기나 했겠냐고 말했다. 중고등학생 시절에도 그에게 좋아하는 여자가 생기면 친구들은 오르지 못할 나무를 쳐다본다고 놀렸다.

그와 아내는 데이트 애플리케이션을 통해 만났다. 상대방도 생활 반경이 좁았고 만나는 사람이 없었다. 항공사 승무원인 아내는 늘 다른 나라로 비행을 해서 규칙적인 생활을 할 수 없

상처받은 아이는 외로운 어른이 된다

었고 정신적으로나 육체적으로나 건강하지 못했다. 결혼 전에 그는 아내가 자주 다른 남자들에게 추파를 던지는 것을 눈치챘다. 아내가 "아휴……" 하고 한숨이라도 쉬면 남자들은 여지없이 살살 녹아버리는 것이었다. 고등학생 시절 댄스 동아리 회원이었던 아내는 결혼식 당일에도 수준급 춤 솜씨를 뽐내며 너울너울 춤을 추어 장내 하객들을 놀라게 했다. 무뚝뚝한 성격인 그는 목각인형처럼 옆에 서서 허허 웃을 수밖에 없었다. 명랑하고 활동적인 아내와 극적으로 대조를 이루는 모습이었다.

사람들은 매력 넘치는 신부를 칭찬하면서 왜 저렇게 무뚝뚝한 남편을 선택했는지, 둘의 성향이 하늘과 땅 차이라고 수군댔다. 하지만 그는 그런 평가가 질투심 어린 훼방이라고 생각했다.

결혼 후에 그는 아내를 무척 아껴서 집안일에 손도 대지 못하게 했다. 아내는 직장을 그만두고 귀부인 노릇을 하며 집안일을 전부 가사 도우미에게 맡겼다. 하지만 그런 날이 오래가자 무료해졌다. 종종 남편의 신용카드로 거액을 긁거나 남편의 돈을 모조리 써버리고도 아무런 죄책감을 느끼지 않았다. 가끔 집을 방문한 친지들이 남편에게 눈치를 주느라 완곡하게 잔소리를 좀 하면, 몇 마디 듣지도 않고 방으로 뛰어 들어가 문을 쾅 닫아버리거나 귀한 물건들을 마구 던지고 부쉈다.

아내는 남편이 인내심의 한계에 도달한 걸 알면서도 아랑곳하지 않았다. 그가 어수룩한 웃음을 거두고 경직된 표정을 지은 지 이미 오래였지만 아내는 여전히 제멋대로였다. 그가 아무리 무슨 짓을 해도 참아주는 아량 넓고 좋은 남편이라도, 이제는 아내 때문에 화가 나서 미쳐 돌아버릴 지경이었다. 남편은 아내를 외부에 내보이기 안성맞춤인 파트너라고 생각했었지만 점점 불만이 생기 시작했다. 하지만 여전히 이 제멋대로인 여인을 참아주었다.

그러자 아내는 적반하장으로 나오기 시작했다. 집에서는 제대로 하는 게 하나도 없는 남자가 분수도 모르고 자기 같은 여자를 탐냈다며, 전 남자친구들과 비교하면 그가 제일 까탈스러우며 자신감도 없다고 폄훼했다. 그는 점점 아내의 행동이 어처구니없게 느껴졌고 아내의 마음이 밖으로 도는 게 분명하다고 생각했다. 그러던 어느 날, 말다툼을 하던 중에 결국 화를 억누르지 못하고 아내를 침대로 밀쳐 제압하고 목을 졸랐다. 아내의 목에는 기다란 상처가 몇 가닥 남았다. 아내도 지지 않고 즉시 병원으로 달려가 검사를 받아 가정폭력에 의한 상해임을 증명하는 소견서를 받아왔고 남편은 가정폭력 예방센터의 처결을 받아야 했다.

이 부부에게는 자괴감과 자만심이 공존했다. 남편은 후천적인 노력으로 아내를 장악할 수 있다고 생각했다. '이토록 매력적인 여자를 정복했으니 나는 대단한 사람이란 말이지!' '오늘부터 아무도 나를 무시할 수 없어!' '난 진짜 사랑이 있다고 믿어!' 그에게 연애는 마치 빛나는 학위를 따내는 일과 같았다. 그

상처받은 아이는 외로운 어른이 된다

는 이런 자기최면으로 버텨내며 비굴한 자존심을 지켰다. 아내가 남편을 대하는 태도 역시 일종의 정복이었다. 그녀에게는 안정된 밥줄과 함께 반려동물처럼 말을 잘 들으며 얌전히 자신을 위해 돈을 바칠 사람이 필요했다.

두 사람은 도적과 보석 같은 관계였다. 서로 약탈하느라 정신이 팔려서, 보통의 친밀한 관계에서는 폭풍이 휘몰아치는 날보다 시냇물이 졸졸 흐르는 평범한 날이 많고, 강도 높은 자극 속에서는 막장 드라마 같은 장면이 연출될 수밖에 없다는 사실을 잊어버렸다. 그래서 매너 좋고 점잖은 남편은 가정폭력의 가해자로, 매력 넘치는 아내는 가정폭력의 피해자로 전락한 것이다.

친밀한 관계는
우리의 거울이다

———

남편은 성장기의 결핍을 극복하지 못한 것일까? 사춘기 때는 외모 콤플렉스 때문에 대인 관계에 관심이 없었고 공부 방면의 활약에만 과도하게 열중했다. 하지만 여전히 이성에게 인기를 얻지 못하자 여성에 대한 환상과 함께 적개심도 쌓였다. 잘 생기지 않은 자신이 아름다운 외모의 여성을 만나면 둘 사이에 태어난 아기는 우생학적 효과를 볼 수 있다고 생각하기도 했다. 그래서 관계에서 끊임없이 비위를 맞추고 꾹 참았으며 폭발할 때까지 분노를 숨긴 것이다.

아내가 사납게 대할 때 그의 마음에 분명히 분노가 불꽃처럼 타올랐지만 결국은 스스로 그 불을 끄고는 자신에게 '나 정말 대단하지? 이렇게 제멋대로인 여자를 다루다니 정말 대단해!'라고 되뇌었다.

애처가라는 껍데기 아래에는 사실 아내를 헐뜯고 정복하려는 욕망이 가득했다. 아내에게 쌓인 불만을 꾹 참고 삭일 때마다 자아가 크게 도약하는 것 같았다. 침대에서 아내를 정복하며 아내의 교태 섞인 신음을 듣고 싶어 했고, 아내가 진심이든 아니든 열중하든 말든 음란한 소리가 오가는 가운데 대단한 성취감을 얻었다. 늘 표상에 눈이 멀어 있어서 위축된 내면은 절대로 건드리려 하지 않았고 자신감 없는 모습은 더욱 마주하지 못했다. 성장 과정에서 그는 자주 "너는 울 자격이 없어" "약한 소리 하지 마" "강해져야만 해" "지면 안 돼" "네가 힘들다고 말할 자격이 있어?" "승자만 기억되는 법이야" "다른 사람들은 다 부숴버려도 돼"라는 말을 들으며 끊임없이 자신을 남과 비교했다.

오직 승리와 불패에 전념한 덕분에 젊은 나이에 CEO 자리에 올랐지만 뜻밖에도 무척 외로웠다. 자신의 마음에 닿는 법을 몰랐고 심지어 일관되게 재물만 탐내는 배우자를 끌어당겼다. 그는 자신감 없는 자신과 마주하는 것을 극도로 혐오했고 아내가 사실 처음부터 재물을 원했을 뿐 결코 자신을 사랑한 적이 없다는 사실은 더욱 외면했다.

상대방에게 불만을
표현해도 좋다

────────

성장하면서 우리는 불안을 해소하기 위해 자신이 받아들일 수 없는 부분을 외부에 던져버린다. 이것을 '투사'라고 부른다. 일테면 사람들이 모두 나를 좋아하지 않는다고 생각하는 것은, 사실은 나도 나를 좋아하지 않는 것이다.

일방향 투사는 개인의 소극장에 비유할 수 있다. 이 경우 상호작용성이 없다. 하지만 내가 이 불안을 던졌을 때 상대방이 호응해준다면 상호작용이 완성된다. 예를 들면 이런 경우다. 내가 선생님에게 불만을 토로했다. "선생님은 편파적이고 저를 좋아하지 않아요." 그러자 선생님이 이렇게 대답했다. "그래 맞아. 내가 만족할 만한 성적을 가지고 와서 다시 얘기하렴." 이때 나는 선생님에게 불평등한 대우를 받고 있음을 증명했다. 마음속에서 상상하던 원망의 투사가 증명된 것이다. 상대방도 이 상호작용을 통해서 편파적인 대우를 받을까 봐 두려워하는 나의 상상을 흡수하고, 진짜로 나를 좋아하지 않음을 증명했다. 내가 인생에서 가장 두려워하는, 아무도 나를 좋아하지 않는다는 소극장을 다시 한 번 재연한 셈이다.

구원자와 피해자 드라마가
만들어내는 파국

————

우리는 대인 관계 갈등을 피하고자 곤경에 대처하는 방법을 발전시켜나간다. 다시 말해 내면의 불안을 피하고자 끊임없이 특정한 상호작용 방식을 유지함으로써 상대가 비교적 내가 원하는 방식에 가깝게 나를 대할 수 있도록 유도한다.

투사와 동일시 방식 중 영합형이 있다. 이런 사람은 능력 있다, 사랑받을 자격이 있다고 끊임없이 인정받기 위해 자기를 희생해서 상대방이 감사와 죄책감을 느끼게 하고 어느 정도 사랑을 돌려받는다. 이런 방식을 통해 성취감과 남을 구원하고 싶은 욕망을 충족하는 것이다.

사랑과 환심을 얻기 위해 우리는 어려서부터 온갖 수단을 동원해 인정받고자 한다. 이것은 인간이라면 누구나 품는 희망이고, 우리는 오직 사랑을 주고받는 관계 속에서만 이 세계에서 차지하는 자신의 위치를 조금씩 인정하기도 한다.

이런 갈망이 잘못된 것은 아니지만 갈망을 해소하기 위한 방법이 지나치게 경직되거나 융통성을 잃었을 때는 문제가 발생한다. 사례 속 남성은 아마 과거에는 굉장히 잘 적응했을 것

상처받은 아이는 외로운 어른이 된다

이고 비범한 성과를 거뒀을 것이다. 단지 지금처럼 맞지 않는 상대에게 인내하고 폭발하는 패턴을 적용했을 때 문제가 되는 것이다.

남에게 잘 영합하는 사람의 경우, 상대방에게 죄책감이나 감사함을 느끼게 하는 방식으로 상대방이 자신을 사랑하게 만든다. 하지만 상대방이 받기만 하고 베풀 생각이 없으면 균형이 깨진다는 이치를 사례 속 남자는 생각하지 못했을 것이다. 예전에 집단 상담에서 만난 한 부인은 자신이 집에서 가장 많이 베푸는 사람인데도 제일 무시당한다고 불평했다. 부인은 오랜 기간 시댁에 깍듯했고 가족과 아이들을 잘 건사했으며 가족의 일을 언제나 1순위로 생각했다. 부인이 난소낭종으로 입원했을 때였다. 어묵탕이 너무나 먹고 싶었는데 사다주는 사람이 아무도 없었다. 그날 그녀의 마음은 깊은 골짜기에 처박힌 듯 무거웠다. 결정적인 순간에 아무도 자신을 생각해주지 않는다고 생각하니 솟구치는 분노를 참을 수 없었고 결국 우울증을 얻었다.

남을 구원하겠다는 의지 위에
자아를 세우다

———

그 부인은 원하는 바를 요구하는 일에 서툴렀다. 그래서 아무도 그녀가 무엇을 원하는지 몰랐다. 그녀가 필요하다고 느끼는 순간에 딱 들어맞는 도움을 주는 것은 더욱 어려웠다. 이런 우울증 환자들은 대부분 몸을 낮추고 타인을 고분고분 섬긴다. 타인의 일을 중요시하는 것이 자신을 조금은 중요한 사람으로 만들어주기를 바란다. 이런 사람들은 또 마음속에 사랑하는 사람을 잔뜩 담는다. 상대방을 마음에 담음으로써 그 사람의 욕구를 파악해 적절한 봉사를 제공하고 그로써 상대방의 마음속에 자신이 특정한 지위를 차지할 수 있도록 한다. 그것이 그들이 타인과 연결되는 방식이다.

어떤 사람들은 이런 관심을 굉장히 잘 이용해서 상대방이 영광이라고 느끼게 하고 자신도 상대방의 인생에서 특별한 자리를 차지하려 한다. 이렇게 베푸는 관계는 한동안 유지할 수 있지만, 관계가 무너질 때는 그 과도한 베풂이 가져오는 분노, 즉 배신으로 돌아온 진심 때문에 한순간에 무너지고 만다.

영합형 인간은 영합할 대상이 없거나 상대가 아무것도 필요로 하지 않는 순간, 상대방과의 연결을 상실한다. 이것이 그들에게 가장 심각한 공포다. 분리불안이 그들의 대인 관계에서 가장 큰 블랙홀이기 때문이다. 인생의 가치를 상대방의 요구를 만족시키겠다는 의지 위에 세웠기 때문에 상대방의 수요가 사라지면 자신도 붕괴하고 와해하는 것이다.

상처받은 아이는 외로운 어른이 된다

사랑하는 아이야,

너의 무력함과 나약함이 얼마나 거대한지 깨달았을 때, 너의 강
인함과 용기도 그만큼 강하고 거대하다는 사실을 잊지 마렴. 어
떤 상황에 놓이든 다른 사람의 그림자 속에서 살 필요가 없단
다. 네가 이 세상에 태어난 것은 다른 사람을 위해서가 아니라
사랑을 수련하기 위해서라는 걸 반드시 기억하렴.

　이 수련의 길에서 만난 사람들은 모두가 중요한 타인인 동시
에 모두가 지나가는 사람이란다. 타인을 통해 우쭐해질 수도 있
지만 자기 몫을 남겨두는 것을 잊지 않기를 바란다.

옮긴이 진실희

서강대학교 신문방송학과를 졸업하고, 한국외국어대학교 통번역대학원에서 국제회의 통역학 석사 학위를 취득했다. 한국일보 정치부 기자를 거쳐 삼성전자 중국 법인에서 동시통역사로 일했다. 책 읽기와 글쓰기를 사랑하여 진정한 출판 번역을 통한 '덕업일치'의 경지를 꿈꾼다. 현재 전문 통번역사로 활동하며 번역집단 실크로드에서 중국어 전문 번역가로 일한다. 옮긴 책으로 《황권》, 《살인마에게 바치는 청소지침서》, 《내 몸 내 뼈》가 있다

상처받은 아이는 외로운 어른이 된다

초판 발행 · 2021년 11월 23일
초판 3쇄 발행 · 2022년 1월 7일

지은이 · 황즈잉
옮긴이 · 진실희
발행인 · 이종원
발행처 · (주)도서출판 길벗
브랜드 · 더퀘스트
출판사 등록일 · 1990년 12월 24일
주소 · 서울시 마포구 월드컵로 10길 56(서교동)
대표 전화 · 02)332-0931 | **팩스** · 02)323-0586
홈페이지 · www.gilbut.co.kr | **이메일** · gilbut@gilbut.co.kr
대량구매 및 납품 문의 · 02)330-9708

기획 및 책임편집 · 허윤정(rosebud@gilbut.co.kr) | **제작** · 이준호, 손일순, 이진혁
마케팅 · 한준희(영업), 김선영, 김윤희(웹마케팅) | **영업관리** · 김명자 | **독자지원** · 송혜란, 윤정아

디자인 · 어나더페이퍼 | **교정교열** · 최지은 | **CTP 출력 및 인쇄** · 예림인쇄 | **제본** · 예림바인딩

979-11-6521-732-7 03180
(길벗 도서번호 040179)

정가 16,000원

독자의 1초를 아껴주는 정성 길벗출판사
(주)도서출판 길벗 | IT실용, IT/일반 수험서, 경제경영, 인문교양(더퀘스트), 취미실용, 자녀교육 www.gilbut.co.kr
길벗이지톡 | 어학단행본, 어학수험서 www.gilbut.co.kr
길벗스쿨 | 국어학습, 수학학습, 어린이교양, 주니어 어학학습, 교과서 www.gilbutschool.co.kr

페이스북 www.facebook.com/thequestzigy
네이버 포스트 post.naver.com/thequestbook